Reinhard Lauterbach

Bürgerkrieg in der Ukraine

Reinhard Lauterbach, Jahrgang 1955, absolvierte ein Studium der Geschichte und Slawistik in Mainz, Kiew und Bonn. Er war viele Jahre als Redakteur bei verschiedenen öffentlich-rechtlichen Sendeanstalten tätig, davon drei als Auslandskorrespondent für die Ukraine und Weißrussland. Seit 2013 ist er freier Osteuropakorrespondent für Print- und Onlinezeitungen und lebt in Polen.

Reinhard Lauterbach

Bürgerkrieg in der Ukraine

Geschichte, Hintergründe, Beteiligte

ORIGINALAUSGABE
edition berolina

eb edition berolina

ISBN 978-3-95841-001-5
2. Auflage
Alexanderstraße 1
10178 Berlin
Tel. 01805/30 99 99
FAX 01805/35 35 42
(0,14 €/Min., Mobil max. 0,42 €/Min.)

© 2014 by BEBUG mbH / edition berolina, Berlin
Umschlaggestaltung und Satz: Marc Eberlin, BEBUG
Druck und Bindung: GGP Media GmbH, Pößneck

www.buchredaktion.de

Inhalt

Prolog

Im Oktober 1999 stand in der Ukraine die Präsidentenwahl an. Amtsinhaber Leonid Kutschma bewarb sich um eine zweite Amtszeit. Ich war damals ARD-Hörfunkkorrespondent in Kiew und bekam vielfache Berichte über Wählerbeeinflussung und zweifelhafte Praktiken mit. Im strengen Sinne nachprüfbar waren sie selten, doch unplausibel waren sie auch nicht. Die zahlreich ins Land gekommenen OSZE-Beobachter aber berichteten zwei Tage nach der Wahl, die Abstimmung sei alles in allem ordentlich abgelaufen. Auch das Auswärtige Amt äußerte sich in diesem Sinne.

Einige Tage später traf ich bei einem Empfang die Presseattachée der Deutschen Botschaft in Kiew. Ich fragte sie beiläufig, warum Berlin dieser erkennbar gefälschten Wahl sein Gütesiegel verpasst habe. Die Frau schaute mich groß an: »Ja, was wäre denn die Alternative gewesen? Wäre Ihnen ein Sieg des Kommunisten lieber gewesen?« Sie bestritt die Fälschungen also gar nicht; nur waren sie für sie offenbar zugunsten des Richtigen passiert.

Die Doppelzüngigkeit der westlichen Argumentation war aber nur der eine Aspekt. Kutschma täuschte sich, wenn er glaubte, der Westen decke ihn. Das war nur die halbe Wahrheit. Kutschma, ein Mann, der die ukrainische Politik des Lavierens zwischen Moskau, Washington und Brüssel zur Meisterschaft brachte, hatte sich in die Hand seiner dortigen »Freunde« begeben, und die begannen, ganz im Stillen an seinem Stuhl zu sägen. Im Winter 1999/2000, drei Monate nach Kutschmas Wiederwahl, war ein Nachwuchsjournalist namens Georgij Gongadze, der Sohn eines georgischen Nationalisten und Kämpfer in den diversen Bürgerkriegen der frühen 1990er Jahre, dem in seinem eigenen Land der Boden zu heiß geworden war und der sich nach Kiew abgesetzt hatte, in Washington. Er wollte Geld für ein kleines Radio und eine Internetseite und bekam es. Das Radio hieß »Kontinent« und betrieb bei den im Jahr darauf anstehenden Parlamentswahlen nichts als das Kolportieren von Wahlfälschungsvorwürfen. Endlose Call-In-Shows dienten dazu, dass jeder, der Lust hatte, wirkliche oder angebliche solche Vorfälle in der letzten Dorfschule in den Karpaten melden konnte; Gegenchecks und Recherchen vor Ort waren nicht vorgesehen. Man kann auch sagen: der Sender hetzte. Gleichzeitig entstand in Kiew ein »Wählerkomitee der Ukraine«, das sich angeblich der Wahlbeobachtung widmete. Hinter dem Schreibtisch des Vorsitzenden hing eine US-Fahne, auf dem Tisch stand ein Foto von Margaret Thatcher.

Die von Gongadze mit amerikanischem Geld begründete Internetseite bekam den Namen »ukrainskaja pravda« und erwarb sich Verdienste darum, Korruptionsfälle in den Reihen der ukrainischen Staatsmacht zu enthüllen. Im Herbst 2000 war es Kutschma offenbar zu blöd mit diesen Kritikern; er erteilte höchstwahrscheinlich den Auftrag, Gongadze zum Schweigen zu bringen. Sein Geheimdienst nahm die Aufgabe wörtlich, entführte den Georgier, dessen enthaupteten Körper man einige Wochen später in einem Straßengraben fand. Wenig später begannen Radio »Kontinent« und »ukrainskaja pravda« mit der Veröffentlichung von Abhörprotokollen aus Kutschmas Amtszimmer. Daraus ging die Verantwortung des Präsidenten und seiner Entourage für das Verschwinden Gongadzes hervor. Die Wanzen angebracht hatte ein Mitglied von Kutschmas Leibwache, Major Melnitschenko. Als die Enthüllungen begannen, saß er schon im sicheren tschechischen Exil und steuerte über den in Prag ansässigen US-Propagandasender »Radio Liberty« seine Kommentare bei. Der Abhörskandal gebar die Bewegung »Ukraine ohne Kutschma«, und aus dieser ging zwei Jahre später die »Orange Revolution« hervor. Ganz zufällig.

Einleitung: Von der »Europäischen Wahl« zum Krieg

Dieses Buch beschreibt einen Prozess, der im Frühherbst 2014 noch im Gang ist: sehr verkürzt gesagt, den Wechsel der Ukraine aus der russischen in die europäisch-amerikanische Einflusszone. Es wird Gelegenheit sein, beide Elemente dieser Formel zu differenzieren, denn weder war die Ukraine unter Wiktor Janukowytsch das, was die radikalen Nationalisten über sie behaupteten: eine Halbkolonie Russlands, noch sind die Vorstellungen von EU-Europa und den USA über die Zukunft des Landes identisch. Karikaturen, die ja immer vereinfachen, würden ein Stück Fleisch mit der Aufschrift »Ukraine« und darum herum drei Hunde zeigen, die sich um dieses Stück balgen. Jeder dieser Hunde gönnt dem anderen den Brocken nicht, und zwei davon sind deutlich größer als der dritte. Diese Karikatur wäre nicht völlig falsch, aber sie unterschlüge einen Punkt: die ukrainische Gesellschaft ist kein willenloses Objekt dieser geopolitischen Konkurrenzen, sondern sie und die in ihr herrschenden politischen, ökonomischen und mentalitätsbezogenen Gegensätze werden für diese Konkurrenz instrumentalisiert. Um das Bild ein letztes Mal zu bemühen: bei dem Gerangel hat das Stück Fleisch geringe Chancen, vollständig im Magen eines der drei Hunde zu landen.

Die Auseinandersetzung um die Ukraine hat nicht erst im Spätherbst 2013 begonnen. Wann die geopolitische Konkurrenz um die Beherrschung des Landes einsetzte, hängt davon ab, wie weit man zurückblickt. Man kann sie ins Mittelalter oder ins 17. Jahrhundert zurückprojizieren; das ist eine Sichtweise, die unter prowestlichen Ukrainern beliebt ist. Sie läuft zwar große Gefahr, ahistorisch zu werden, weil Auseinandersetzungen feudaler Imperien mit den Kriterien moderner Nationalstaaten gemessen werden; aber ihr geschichtspolitischer Nutzen liegt darin, der Ukraine einen wie auch immer umkämpften Platz unter den Ländern des »lateinischen Kulturkreises« zu unterstellen. Sie erscheint in diesem Diskurs als etwas von Anbeginn anderes als Russland.

Eine andere Sichtweise könnte mit den deutschen Kriegszieldiskussionen im Vorfeld und Verlauf des Ersten Weltkrieges ansetzen. In ihr kommt die Ukraine im Ausgangspunkt als Besitzstand des Russländischen[1] Imperiums vor, die im Interesse konkurrierender Hegemonieansprüche des Deutschen Kaiserreichs von ihr losgerissen werden müsse und letztlich losgerissen worden sei. Gut und Böse sind in diesem Diskurs ebenso eindeutig verteilt wie in demjenigen, der die Ukraine, die zu diesem Zeitpunkt ein nicht näher definiertes Territorium war, als Staat im Wartezustand definiert, der seiner Befreiung entgegenkämpfte.

---

1 Ich benutze als Adjektiv den Begriff »russländisch« (rossijskij), um das multinationale Imperium bzw. die multinationale Russländische Föderation abzugrenzen von der Bezeichnung der ethnischen Russen und ihrer Sprache (russkij). Die sogenannte »Russische Föderation« heißt eben im Original nicht »russkaja«, sondern *rossijskaja* federacija«.

Das kaiserliche Deutschland oder die »Ostraum«-Strategen in Alfred Rosenbergs Reichsministerium für die besetzten Ostgebiete waren allerdings nicht die einzigen und nicht die ersten, die Überlegungen über die Zerlegung des Russländischen Imperiums in seine nationalen Bestandteile anstellten. Der Gedanke findet sich ebenso bei angelsächsischen Geopolitikern des frühen 20. Jahrhunderts wie bei polnischen Emigranten der Zeit zwischen 1945 und 1990 – und bei amerikanischen Sicherheitsberatern und Geostrategen wie Zbigniew Brzezinski. An dieser Stelle hat der deutsche Faschismus klassisch imperialistische Ziele, und nicht einmal nur solche des deutschen Imperialismus, verfolgt. Die Idee, das im westlichen und zentralen Europa so erfolgreiche Konzept des Nationalismus gegen ein multinationales Imperium in Stellung zu bringen, lag einfach zu nahe, als dass irgendein Gegner Russlands an ihr hätte vorbeigehen können. Die Zweckliaison, die der ukrainische Nationalismus eine Zeitlang mit dem deutschen Militär und dem deutschen Faschismus einging, lag in der Konstellation nach dem Ersten Weltkrieg begründet; Michailo Hruschewskyj, der Begründer der ukrainischen nationalen Historiographie, hatte seine Thesen allerdings als Professor an der k.u.k.-Universität Lemberg entwickelt und sich als Lohnschreiber für die österreichische Kriegspropaganda einspannen lassen. Diesen Verbindungen wird ein eigener Abschnitt gewidmet sein.

Ein letzter Periodisierungsschnitt in der Betrachtung der geopolitischen Auseinandersetzung um die Ukraine müsste mit der Unabhängigkeitserklärung des Landes im August 1991, die im Dezember desselben Jahres in einem Referendum bestätigt wurde, einsetzen. Erst seit diesem Zeitpunkt ist die Ukraine formal ein eigener Staat, der sich äußeren Begehrlichkeiten ausgesetzt sah und gut 20 Jahre lang versucht hat, diese in seinem eigenen Überlebensinteresse gegeneinander auszubalancieren. Es brauchte von da an 13 Jahre, bis die »prowestlichen« Kräfte das erste Mal die Machtfrage in Kiew stellten. Die »Orange Revolution« von 2004/2005 scheiterte innerhalb einer Legislaturperiode an inneren Konflikten und verlor im harten politischen und wirtschaftlichen Alltag schnell den »Zauber«, der jedem Neuanfang innewohnen soll. Was wir seit 2013 in der Ukraine sehen, hat aus der Perspektive derer, die diesen Neuanfang angestrebt haben, alle Merkmale eines wesentlich härteren Vorgehens gegen den innenpolitischen Gegner – um die Auseinandersetzung nicht wieder zu verlieren. Dasselbe gilt für die äußeren Protektoren der »proeuropäischen« Option. Es ging den Beteiligten diesmal erkennbar darum, Fakten zu schaffen und die für die ukrainische Politik der Zeit nach 1991 charakteristischen Ambivalenzen gleich zu Beginn zu zerschlagen. Man kann darin wohlwollend die geistigen Spuren Macchiavellis sehen, der seinem »Fürsten« riet, die notwendigen Grausamkeiten sofort zu begehen, oder auch – und wahrscheinlich realistischer – die des deutschen Staatsrechtsprofessors Carl Schmitt und seiner Lehre von der Schlüsselrolle des Ausnahmezustands für die Begründung einer politischen Herrschaft.

»Prognosen sind immer schwierig, zumal, wenn sie die Zukunft betreffen«, hat Winston Churchill einmal gesagt. Dieses Buch erhebt nicht den Anspruch, die Zukunft der Ukraine oder die Perspektiven des Konflikts um das Donbass voraussagen zu können. Die Analyse kann einzig versuchen, das bereits Geschehene in die Zukunft zu extrapolieren und auf dieser Grundlage zu sagen, welche Entwicklungen wahrscheinlicher sind und welche aufgrund dessen, was schon geschehen ist, weniger. Auf der anderen Seite hätte niemand –auch der Autor nicht – Anfang dieses Jahres erwartet, dass in Kiew die Faschisten das große Wort führen, dass Russland die Krim übernehmen und in den Städten des Donbass Raketen einschlagen würden. In diesem Sinne ist nicht die Geschichte die Lehrerin des Lebens, sondern schreibt umgekehrt das Leben die Geschichte.

Ein paar Worte zur Schreibweise von Personen- und Ortsnamen. Im Deutschen bekannte Namen wie Kiew oder Odessa werden in dieser Form verwendet (und nicht mit nur einem s wie auf Ukrainisch); ansonsten benutze ich die ukrainische Form, also zum Beispiel »Lwiw« statt »Lwow«, »Lwów« oder »Lemberg« oder »Charkiw« statt »Charkow«. Auf Besonderheiten der ukrainischen Rechtschreibung wie den für das Weichheitszeichen stehenden Apostroph in bestimmten Ortsnamen (etwa in »Ivano-Frankyvs'k« oder »Luhans'k« – frühere russische Schreibweise Iwanowo-Frankowsk und Lugansk) verzichte ich im Interesse der Lesbarkeit. Ebenso vereinfache ich die Transliteration der slawischen Zischlaute. Die Stadt Zaporyžž'ja kommt im Folgenden als »Saporizhja« (früher russisch: Saporoschje) vor. Bei Personennamen auf ukrainischer Seite benutze ich die ukrainische Schreibweise (also etwa: Tymoschenko statt Timoschenko oder Turtschynow statt Turtschinow), bei solchen auf russischer Seite die russische. Dass Slawisten und wissenschaftliche Bibliothekare dabei Inkonsequenzen monieren können, nehme ich in Kauf und bitte schon vorab um Nachsicht.

Die Arbeit am Manuskript wurde Anfang Oktober 2014 abgeschlossen und spiegelt daher den Sachstand zu diesem Zeitpunkt wider.

Abschließend danke ich Elżbieta Marszałek dafür, dass sie es ausgehalten hat, dass ich dem Anschein nach monatelang mehr mit der Ukraine zusammengelebt habe als mit ihr.

Von Teilung zu Teilung

Die Frühgeschichte der Ukraine

Der Name »Ukraine« taucht zum ersten Mal in der altrussischen Hypatius-Chronik des späten 12. Jahrhunderts auf. Bei den Schilderungen zum Tod des Fürsten von Perejaslawl – damals eines südöstlichen Unterfürstentums der Kiewer Rus – heißt es dort: »die ganze Oukraina beweinte ihn sehr«. Was dieser Begriff damals bedeutete, ist in der Wissenschaft umstritten; vorherrschend ist die Interpretation des Namens als »Grenzland« (heute russisch: окраины – okrainy). Ab dem 16. Jahrhundert verbindet sich der ursprünglich generisch für Grenzgebiete aller Art benutzte Name mit dem Land entlang des Dnipro (Dnjepr), ab dem 19. Jahrhundert ist er auch für die Bewohner dieses Landstrichs gebräuchlich.

Wichtig an diesem Ausflug in die Philologie ist, dass die Bezeichnung einer Region als »Grenzland« impliziert, dass sie nicht das Zentrum ist, sondern eine Peripherie. Das entspricht dem Schicksal der Ukraine über die längste Zeit ihrer Geschichte. Schon die legendären Ursprünge des ostslawischen Staatswesens am Dnipro enthalten dieses Element. Am Mittellauf des Flusses war im späten 9. Jahrhundert unter Beteiligung von Wikingern, den sogenannten Warägern, ein feudales Staatswesen entstanden: die Kiewer Rus. Im 10. Jahrhundert trat der Rus-Herrscher Wladimir zum Christentum über, nachdem er, wie die Legende sagt, sich die drei herrschenden monotheistischen Religionen hatte erläutern lassen: Am Islam gefiel ihm die Möglichkeit der Polygamie, ihn störte jedoch das Alkoholverbot; das römische Christentum war zu asketisch und konnte an Prunk nicht mit dem byzantinischen Ritus mithalten, so dass er sich für diese Variante, die man heute orthodox nennt, entschied. Dass dieser Staat seinen Nachbarn formal ebenbürtig war, sieht man an den dynastischen Heiraten, die die Kiewer Herrscher mit den meisten zeitgenössischen europäischen Dynastien verbanden: da gab es Verbindungen zum Heiligen Reich Deutscher Nation und zu Byzanz, zu Norwegen, Dänemark, Polen und Ungarn. Das Land war formal eine Föderation von Teilfürstentümern, von denen der in Kiew herrschende Fürst den Titel »Großfürst« führte. Ständige Erbfolgestreitigkeiten schwächten diesen Staatsverband aber bereits im 11. und 12. Jahrhundert, und 1240 überrannten die Mongolen die Rus, brannten Kiew nieder und setzten damit dieser frühen ostslawischen Staatsgründung ein Ende.

Diesen Staat als »ostslawisch« zu bezeichnen, ist eine Kompromisslösung. Die russische Geschichtsschreibung nannte ihn ursprünglich »Altrussland«, die ukrainische beruft sich darauf, dass sein Schwerpunkt in Gebieten gelegen hat, die heute zur Ukraine gehören. Doch die wirtschaftliche Achse der Kiewer Rus war der von den Waldaihöhen in Nordrussland zum Schwarzen Meer fließende Dnipro und damit die Handelsroute zwischen Nordeuropa und Byzanz. Kiew lag mehr oder minder auf halbem Wege und bot sich damit als Zentrum an, hatte aber in der nordrussischen Stadt Nowgorod eine starke Konkurrenz. Unter den zahlreichen Unterfürstentümern der Kiewer Rus war das ursprünglich wenig bedeutende von Moskau-Susdal das langlebigste, weil es durch seine geographische Lage inmitten der nordrussischen Taiga vor dem Mongolensturm geschützt war. Die Wälder Nordrusslands waren für die Kavallerie der Asiaten zu undurchdringlich – und es gab dort nicht genug Beute zu holen. Der mongolische Angriff hatte die Rus sozusagen entkernt: von ihr blieben nur die entlegensten Außenposten erhalten, und nach dem Wegfall des Zentrums kehrten sich die Machtverhältnisse tendenziell um: am mittleren Dnipro entstand ein Machtvakuum. Es dauerte jedoch nur wenige Jahrzehnte, bis es gefüllt wurde: durch das anfangs noch heidnische Großfürstentum Litauen (es hat mit dem heutigen Staat im Baltikum nur den Namen gemeinsam). Schritt für Schritt brachte es die weiten, schwach bevölkerten, aber fruchtbaren Landstriche unter seine Kontrolle. Als sich Litauen 1385 mit Polen zu einer Personal- und Herrschaftsunion verband, begann die Zeit, in der das, was wir heute Ukraine nennen, das östliche Grenzgebiet des polnisch-litauischen Königreichs darstellte.

Für das frühneuzeitliche Polen war die Ukraine eine Art Kolonialgebiet. Polnische Magnaten wurden vom König für politische Treue und militärische Verdienste mit großen Landstrichen im Osten belehnt; sie beuteten die Bauern bis aufs Blut aus und führten die Leibeigenschaft ein. Dem regionalen Adel machte Polen-Litauen ein Angebot: Wer zum römischen Katholizismus übertrat, erhielt die gleichen Rechte wie der polnische Adel, was dazu führte, dass sich der bodenständige Adel der Ostgebiete religiös und kulturell polonisierte. Dynastien, die heute als polnischer Uradel wahrgenommen werden, wie die Czartoryjski und Radziwiłł, sind über diesen Assimilationsprozess in die polnische Geschichte eingetreten. Trotzdem war die polnische Herrschaft in den Ostgebieten immer auch gefährdet, denn das Land hatte nach Südosten keine feste Grenze: Der Fall von Byzanz 1453 hatte die Küste des Schwarzen Meeres unter osmanische Kontrolle gebracht, und die Steppengebiete dazwischen waren nach den Blutbädern des Mongolensturms kaum noch besiedelt. Nomadenvölker wie die Krimtataren machten das Land in regelmäßigen Abständen durch Beutezüge unsicher und verkauften die Bewohner, derer sie habhaft werden konnten, in die Sklaverei. Andererseits hatte das Leben im Niemandsland auch seine Vorteile: die harte Hand der Großgrundbesitzer reichte nicht dorthin, wer hier lebte, war der Leibeigenschaft entkommen. Diese zu einem wehrhaften Leben gezwungenen Bauern nannten sich »Kosaken«, das Wort stammt aus den Turksprachen bedeutet so viel wie »freie Krieger«. Auch sie lebten von Raubzügen zu den Ungläubigen, nur in die andere Richtung: sie zogen regelmäßig den Dnipro hinab und plünderten die muslimischen Siedlungen an der Schwarzmeerküste.

Die Kosaken waren in halbwegs egalitären Gemeinschaften organisiert. Sie taten sich ursprünglich nur für einen einzelnen Raubzug zusammen und wählten für dessen Dauer ihre Führer, die Hetmane. Die so entstehende kosakische Oberschicht war freilich auch nicht gegen die Versuchung gefeit, ihre Herrschaft verstetigen zu wollen; ein Weg dazu war es, Kosakenheere in den Dienst der polnisch-litauischen oder etwas später auch der russischen Feudalmonarchie zu stellen. Die Kosaken wurden dadurch zu sogenannten »Registerkosaken«, was ihren Anführern Einkünfte aus der Kasse der polnischen Könige einbrachte. Da andererseits der polnische Adel sich das Steuerbewilligungsrecht gegenüber der Krone bewahrt hatte und es eifersüchtig hütete, war seine Bereitschaft, dem König Mittel für den Unterhalt der Warlords im Südosten zu bewilligen, begrenzt und wurde immer nur befristet gewährt – zumal natürlich der polnische Adel in den Türkenkriegen des 16. und 17. Jahrhunderts, für die er die Kosaken rekrutierte, auch immer selbst auf Beute hoffte und damit die zweite Einkommensquelle der Kosaken automatisch schmälerte.

Das Verhältnis zwischen Polen und den Kosaken hatte also seine Sollbruchstellen, und Mitte des 17. Jahrhunderts traten sie zutage. Bestrebungen weitsichtiger Reformer, auch den orthodox gebliebenen Adel als dritte konstitutive Säule in die polnisch-litauische Adelsrepublik aufzunehmen, scheiterten am Egoismus des katholischen Adels und an Intrigen der katholischen Kirche. So setzte sich der orthodoxe Kleinadlige Bogdan Chmelnitzki, angestoßen durch persönliche Kränkungen und verlorene Prozesse, 1646 an die Spitze der latenten Unzufriedenheit der Kosaken und orthodoxen Bauern und löste den großen Kosakenaufstand der Jahre 1648–54 aus, der von ukrainischen Historikern heute als eine der großen Manifestationen ukrainischen Nationalbewusstseins angesehen wird. Chmelnitzki entzieht sich freilich dieser Interpretation, da er, als sich das Kriegsglück gegen ihn und zugunsten der polnischen Krone zu wenden begann, Verhandlungen mit dem russischen Zarenreich aufnahm, um die Kosaken unter dessen Schutz zu stellen. Der entsprechende Vertrag wurde 1654 in der südöstlich von Kiew gelegenen Stadt Perejaslawl abgeschlossen und gilt als Meilenstein in der Geschichte des russischen Vorstoßes nach Süden. Nach russischer Nationalgeschichtsschreibung wuchs mit ihm »zusammen, was zusammengehört«, polnische und ukrainische Geschichtsschreiber sehen ihn – aus unterschiedlichen Gründen – als Verrat oder wenigstens als sehr problematisch an. Tatsache ist, dass Konflikte vorprogrammiert waren: den in den Traditionen der polnisch-litauischen Adelsrepublik mit ihren weitgehenden Mitwirkungsrechten sozialisierten Kosakenführern trat mit den russischen Zaren ein Partner gegenüber, der solches Aufbegehren des Adels ein knappes Jahrhundert vorher unter Iwan IV. (dem »Schrecklichen«) in die Schranken gewiesen hatte und auf dem Wege zum Absolutismus war. Desto mehr war den Freiheitsrechten der einfachen Kosaken, die schon unter den mit Polen verbündeten Hetmanen zur Fiktion geworden waren, unter russischem Protektorat kein langes Leben mehr beschieden. Spätere Kosaken-Hetmane versuchten in wechselnden Konstellationen, die Schaukelpolitik Chmelnitzkis wieder aufzunehmen, um sich der harten Hand Moskaus zu entziehen; Iwan Mazepa verbündete sich Anfang des 18. Jahrhunderts im Nordischen Krieg mit dem Schwedenkönig Karl XII., andere Teile der Kosaken unterstellten sich nach der schwedischen Niederlage sogar wieder der osmanischen Oberhoheit. All dieses Lavieren führte nur dazu, dass die Kosaken in allen benachbarten Hauptstädten als notorisch unzuverlässig galten. Wenn man nun der ukrainischen Interpretation folgen will, die Kosaken als Vorläufer ukrainischer Staatlichkeit zu sehen, dann besteht ihr Erbe vor allem in jener opportunistischen Schaukelpolitik, die auch die ersten zwei Jahrzehnte der gegenwärtigen ukrainischen Unabhängigkeit kennzeichnet. Eine Schaukelpolitik freilich, die auch schon in der frühen Neuzeit ihre objektiven Grundlagen hatte: Den Kosakenhetmanen als Herrschern über ein Land, dessen innere Ressourcen völlig unentwickelt waren, das sich aber Begehrlichkeiten mächtigerer Nachbarn ausgesetzt sah, musste es als aussichtsreichste Option ihrer eigenen Herrschaftssicherung erscheinen, diese Nachbarn gegeneinander auszuspielen, um sich jeden einzelnen von ihnen soweit wie möglich vom Halse zu halten. Das ging eine Zeitlang gut, aber nicht auf Dauer: als unter Katharina II. Russland ab den 1770er Jahren die nördliche Schwarzmeerküste eroberte, wurden die Privilegien der Dnipro-Kosaken 1775 ohne viel Federlesens aufgehoben. Der Versuch, aus der Lage an der Peripherie benachbarter Imperien das Maximum herauszuholen, hatte sich erschöpft.

Ein Jahrhundert ständiger Kriege gegen Türken und Kosaken hatte die polnisch-litauische Adelsrepublik wirtschaftlich zerrüttet; als Reaktion auf den Vertrag von Perejaslawl einigten sich Polen und Russland 1663 im Frieden von Andruchowo auf die Teilung der Ukraine entlang des Dnipro. Westlich des Flusses hielt sich die polnische Herrschaft noch ein gutes Jahrhundert, bis sich Russland in der Ersten Teilung Polens 1772 unter dem Vorwand, orthodoxe Glaubensbrüder gegen Verfolgungen durch die römisch-katholische Kirche schützen zu müssen, den rechtsufrigen Teil der Ukraine und das heutige Weißrussland einverleibte. Ein früher Fall von »responsibility to protect«, wenn man so will. Der Süden kam als Galizien unter die Herrschaft Österreichs und nahm für 150 Jahre eine andere Entwicklung.

Gegen Polen, Juden und Russen

Die Geschichte des ukrainischen Nationalismus

Als im Herbst 1918 die österreichisch-ungarische Monarchie an ihrer Niederlage im Ersten Weltkrieg auseinanderbrach, brachten sich in ihrem »Kronland Galizien-Lodomerien« zwei Bewerber um die Nachfolge in Stellung: Polen und Ukrainer – damals nannte man sie noch Ruthenen. Das Land – der Nordabhang des Karpatenbogens von der böhmisch-mährischen Pforte im Westen bis nach Kolomyja und Stanisławów (heute Ivano-Frankivsk) im Osten – war mit 78 000 km² etwas größer als das heutige Bundesland Bayern und hatte um 1910 mit gut acht Millionen Einwohnern rund 40 Prozent mehr Einwohner als das damalige Königreich Bayern[1] – ein Indiz für Übervölkerung und Landarmut. Es war bei der ersten Teilung Polens 1772 Österreich zugeschlagen worden.

Die politische Geschichte der Region beginnt im Mittelalter mit einem Fürstentum Halytsch (latinisiert zu Galizien), das der 1240 von den Mongolen zerschlagenen Kiewer Rus lehnsuntertan war und dessen Zentrum südlich von Lviv lag, anschließend gehörte es kurz zum Königreich Ungarn (auf dieser

Grundlage machte Österreich aufgrund seiner eigenen Personalunion mit Ungarn im 18. Jahrhundert Ansprüche auf die Region geltend), und länger zum Großfürstentum von Litauen, mit dem es im späten 14. Jahrhundert in die so genannte »Republik beider Völker«, die polnisch-litauische Adelsrepublik, einging. Galizien war bis zur Annexion von Bosnien-Herzegowina durch Österreich-Ungarn 1908 der wirtschaftlich rückständigste Teil der k.u.k-Monarchie, auch wenn sich die Verwaltung des Kronlandes in Lemberg einige Bauten im Wiener Ringstraßenstil genehmigte, die noch heute den touristischen Ruhm der Stadt ausmachen: die Oper, der Jugendstilbahnhof, das Hotel »Grand« am Corso. Vor den Toren der Metropole begannen Elend und Rückständigkeit; die durchschnittliche Lebenserwartung in Galizien betrug 29 Jahre[2].

Angesichts des erheblichen Entwicklungsrückstands der Region war Galizien, wo es bis auf einige Ölquellen im Raum Boryslaw im Karpatenvorland südlich von Lemberg/Lviv/Lwów[3] keine nennenswerte Industrie gab, eine ständige Quelle von Auswanderung in die Industriegebiete Österreich-Ungarns und Deutschlands, aber auch in die USA. Landarmut der Bauern bei gleichzeitigem Großgrundbesitz von meist polnischen Magnaten prägte die Dörfer; Galizien war das klassische Land der in der Literatur viel beschriebenen jüdischen Schtetl, die jedoch durchaus nicht den romantischen Charakter hatten, den ihnen vor allem jüdisch-österreichische Schriftsteller im Nachhinein verliehen haben. Diese kleinstädtischen Judenviertel – Juden stellten etwa 10 Prozent der Bevölkerung des Kronlandes, in einzelnen Orten aber deutlich mehr – waren in aller Regel bettelarm und beherbergten kleine Handwerker, Krämer und so genannte »Luftmenschen«, die ohne eigenes Einkommen von Spenden etwas wohlhabenderer Glaubensgenossen lebten. Auch unter den Juden war die Emigration hoch. Ansonsten bewohnten die Region etwa gleich große Bevölkerungsgruppen von Polen (mehr im Westen und in den Städten) und »Ruthenen« (mehr im Osten und auf dem Land[4]).

Beide Gruppen unterschieden sich abgesehen von ihrer sozialen Stellung und ihrer regionalen Verteilung durch ihre Religion. Die Polen waren überwiegend römisch-katholisch, die Ruthenen orthodox. Im Zuge einer Kirchenunion 1596 übernahm die römisch-katholische Kirche die Orthodoxen in der »Republik beider Völker« als »Unierte« (Angeschlossene), ohne an ihrer Theologie und ihrem Ritus viel zu ändern. Der entscheidende Unterschied war, dass die griechisch-katholischen (oder unierten) Bistümer die Oberhoheit des römischen Papstes anerkannten und nicht mehr die des Patriarchen in Moskau. Der Schritt hatte rein politische Gründe – man wollte die Gläubigen dem ideologischen Einfluss des erstarkenden Russland entziehen. Diese religionshistorische Abschweifung ist nicht so nebensächlich wie es scheinen könnte. Diese griechisch-katholischen Pfarrhäuser – unierte Priester dürfen anders als katholische heiraten – brachten einen weit überdurchschnittlichen Teil der ersten Generation ukrainischer Nationalisten hervor. Das liegt daran, dass die Gläubigen dieser Konfession ein relativ geschlossenes Gebiet bewohnten – östlich und nördlich Galiziens waren die Ukrainer russisch-orthodox, im Westen die Polen römisch-katholisch – und daran, dass die unierten Gläubigen weitgehend mit der ruthenischen Bevölkerungsgruppe identisch waren. Dadurch war diese Kirche de facto eine ukrainische Nationalkonfession und entwickelte in ihrer Verkündigung starke politische Komponenten.

Dieser Prozess der Herausbildung eines ruthenischen bzw. ukrainischen Nationalismus nahm in der zweiten Hälfte des 19. Jahrhunderts Fahrt auf, als die österreichischen Behörden begannen, ihre ruthenischen Untertanen im Karpatenvorland kulturell zu fördern. Das sollte einerseits ein Gegengewicht gegen die zu Aufständen (zuletzt 1846 in Krakau und 1848/49 im sogenannten »Völkerfrühling« nochmals in ganz Galizien) neigenden und deshalb in Wien als staatspolitisch unzuverlässig verdächtigen polnischen Eliten bilden und das Kronland für Österreich besser beherrschbar machen. Andererseits ist diese Zeit auch jene, in der im Zuge allgemeiner Modernisierungsbestrebungen selbst die galizischen Dörfer nach und nach Volksschulen bekamen und in den Städten Ansätze eines höheren Bildungswesens entstanden. Seit dem frühen 20. Jahrhundert kann von einer beginnenden bürgerlichen Selbstorganisation des ruthenischen Bevölkerungsteils gesprochen werden: mit eigenen Vereinen, Pfadfinderorganisationen (sie fanden später zur militärischen Ausbildung des Nachwuchses der ukrainischen Nationalisten Verwendung), Genossenschaften und Bibliotheken im Unterschied zu den dominierenden Institutionen gleicher Art, aber polnischer Sprache. In den 1920er Jahren stellten ukrainische Studenten, die in der ersten Generation höhere Bildungsanstalten – vor allem die Technische Hochschule in Lviv oder diverse landwirtschaftliche oder technische Fachschulen – besuchen konnten, das personelle Rückgrat der ukrainisch-nationalistischen Organisationen dar.

Dieser höhere Grad bürgerlicher und nationaler Selbstorganisation zum Beginn des 20. Jahrhunderts ist der wesentliche politische Unterschied zu den weiter östlich gelegenen Gebieten, die heute mit Galizien in der Ukraine vereint sind. Diese Ostgebiete kamen im Laufe des 17. und 18. Jahrhunderts in mehreren Wellen unter die Kontrolle des russischen Zarenreichs.

Anders als in Österreich, wo die Ruthenen zwar sozial benachteiligt, aber politisch und kulturell gefördert wurden, betrieb Russland eine Politik kultureller Assimilation. Die Ukraine galt als »Kleinrussland«, die ukrainische Sprache als bäurischer Dialekt, den zu sprechen als »uncool« galt. Aber wer die russische Kultur übernahm, konnte ohne Rücksicht auf seine Herkunft Karriere machen. Nur wenige Intellektuelle blieben bei der ukrainischen Sprache; der bekannteste ist der Dichter Taras Schewtschenko (1814–1861). Sein wesentlich bekannterer Zeitgenosse Nikolaj Gogol (1809–1852) ging dagegen aus beruflichen Gründen nach St. Petersburg und schrieb auf Russisch, wobei viele seiner Werke auch wegen ihres ukrainischen Lokalkolorits (»Abende auf dem Weiler bei Dikanka«) populär wurden.

Rosa Luxemburg hat den entstehenden ukrainischen Nationalismus zu Beginn des 20. Jahrhunderts
nicht recht ernst genommen. In ihrer im Gefängnis
entstandenen Broschüre zur russischen Revolution
schrieb sie: »Der ukrainische Nationalismus war in
Russland ganz anders als etwa der tschechische, polnische oder finnische, nichts als eine einfache Schrul-
le, eine Fatzkerei von ein paar Dutzend kleinbürger-
lichen Intelligenzlern, ohne die geringsten Wurzeln
in den wirtschaftlichen, politischen oder geistigen
Verhältnissen des Landes, ohne jegliche historische
Tradition, da die Ukraine niemals eine Nation oder
einen Staat gebildet hatte, ohne irgendeine nationale
Kultur, außer den reaktionärromantischen Gedich-
ten Schewtschenkos. Es ist förmlich, als wenn eines
schönen Morgens die von der Wasserkante auf den
Fritz Reuter hin eine neue plattdeutsche Nation und
Staat gründen wollten«[5].

Das mag aus heutiger Sicht ein wenig oberflächlich
und damit verfehlt geurteilt sein, aber damals hatte
diese These einiges für sich. Zumal Rosa Luxemburg mit »Ukraine« etwas anderes meinte als der
Begriff heute bedeutet – denn Galizien gehörte noch
nicht dazu. Sie hatte die Ostukraine, den Donbass,
vor Augen, damals eine Art russisches Ruhrgebiet.
In die vor der Industrialisierung kaum bevölkerte
Steppenregion waren in deren Verlauf Zuwanderer aus den verschiedensten Teilen des russischen
Reiches gezogen, die meisten landarme Bauern
aus nördlicheren Regionen des Landes. Die Aufhe-
bung der Leibeigenschaft in Russland 1861 führte
dazu, dass nicht erbende Kinder darauf angewie-

sen waren, sich in der entstehenden Industrie ein Auskommen zu suchen. Ethnisch war diese Region gemischt, und daher war sie kein Ansatzpunkt für nationalistische Agitation. Das hatte sich noch in der Revolution von 1905/06 gezeigt, als der Donbass ein Schwerpunkt der Streikbewegung war, in dem anders als im bürgerlicher geprägten Kiew ukrainisch-nationalistische Töne nicht zu hören waren. Michailo Hruschewskyj, der Ahnvater der ukrainischen nationalen Historiographie, bestätigte indirekt Luxemburgs These von der »Fatzkerei von ein paar Dutzend Intelligenzlern« insofern, als er in einer zu Beginn des Ersten Weltkriegs in Wien erschienenen Broschüre betonte, dass die ukrainische Nationalbewegung die gleichzeitig entstehende sozialistische Bewegung ablehnte und sie allenfalls als Konkurrenz um Aktivisten wahrnahm, »… weil die Revolutionäre zentralistisch gesinnt waren und die nationalen Forderungen … des ukrainischen Volkes … nicht genügend berücksichtigten.«[6] Zwar entstand im Zuge der ersten russischen Revolution eine »ukrainische Sozialdemokratische Partei«, aber sie bestand überwiegend aus Bürgern wie dem späteren Ideologen des Nationalismus, Dmitro Donzow (s. u.). Als zwischen Februar- und Oktoberrevolution 1917 auch in Kiew eine »ukrainische Zentralrada« entstand, die eine »Ukrainische Volksrepublik« proklamierte, trat diese zwar dem Zeitgeist entsprechend mit sozialdemokratischen Parolen auf, aber sie wählte den allem Sozialismus abholden Historiker Hruschewskyj zum ersten Staatspräsidenten. Diese bürgerlich-sozialdemokratische Volksrepublik wurde schon im Frühjahr 1918 von deutschen Truppen gestürzt, die das Land nach dem Brester Frieden (Februar 1918) besetzt hatten, um deren Ressourcen für die deutsche Kriegsführung zu rauben. Des Kaisers Generäle bildeten ein Marionettenregime des ukrainischen Großgrundbesitzers Pavlo Skoropadskyj (1873–1945), der sich nach kosakischem Vorbild den Titel eines Hetmans verlieh – personell beginnt hier die Zusammenarbeit zwischen ukrainischen Nationalisten und deutschen Militärs. Allerdings verlor Skoropadskyj schnell jeden Rückhalt in der Bevölkerung, als er den ukrainischen Bauern das Land wieder wegnehmen wollte, das sie sich im Zuge der revolutionären Landreform genommen hatten.

In seiner Entstehungsphase war der ukrainische Nationalismus als Massenbewegung ein regional auf Galizien beschränktes Phänomen; der autobiographische Roman »Die weiße Garde« des in Kiew geborenen Schriftstellers Michail Bulgakow zeugt davon, dass der gebildete Zeitzeuge Bulgakow schlicht nicht verstehen konnte, worum es diesen ukrainischen Nationalisten verdammt noch mal ging. »Vorgestern fragte ich diese Kanaille Doktor Kurizki, der kann seit November vorigen Jahrs plötzlich kein russisch mehr. Früher Kurizki, jetzt ukrainisch Kuryzky. Ich frage ihn also, wie Kater (russisch *Kot*) auf Ukrainisch heißt, das wußte er noch *(Kit)*, aber als ich ihn fragte, wie der Wal (russisch *Kit*) heißt, glotzt er mich an und schweigt«.[7] Obwohl alles andere als ein Sozialist, kam Bulgakow also, wie man sieht, hinsichtlich der »Fatzkerei« zu einem Urteil, das dem Rosa Luxemburgs nicht unähnlich war. Die Gemeinsamkeit mag auch darin begründet sein, dass beide, Bulgakow und Luxemburg, aus älteren, bereits ausgereiften Nationalkulturen kamen, der eine der russischen, die andere der polnischen. Beiden war bei allen sonstigen Differenzen eine gewisse Geringschätzung des Ukrainischen eigen.

Kehren wir zum Schicksal Galiziens zum Ende des Ersten Weltkrieges zurück. Wie gesagt, brachten sich zwei konkurrierende Bewerber um die Nachfolge des österreichisch-ungarischen Staates in Stellung: Polen und Ukrainer. Beide hatten bewaffnete Formationen, die auf Seiten der österreichischen Armee im Krieg gegen Russland gekämpft hatten: Polen die Legionen des späteren Staatsgründers Józef Piłsudski, die Ukrainer die »Sitsch-Schützen«. Die der Wiener Kontrolle entwichenen früheren Hilfstruppen lieferten sich im Winter 1918/19 einen kurzen, aber heftigen Krieg um die Kontrolle über Lwiw, den Polen gewann. Es hatte nicht nur die stärkeren Bataillone, sondern auch die besseren politischen Karten. Denn während die berühmten 14 Friedensbedingungen des amerikanischen Präsidenten Woodrow Wilson vom Januar 1918 für Polen explizit einen eigenen Staat, »der alle Gebiete einzubegreifen hätte, die von unbestritten polnischer Bevölkerung bewohnt sind«[8] und mit eigenem Zugang zum Meer forderten, hieß es zu den übrigen Völkern der k.u.k.-Monarchie wesentlich lapidarer und unklarer, ihnen solle »die freieste Gelegenheit zu autonomer Entwicklung zugestanden werden«[9] – also ausdrücklich keine eigene Staatlichkeit.

Doch nicht einmal autonome Entwicklung gewährte die 1918 gegründete Zweite Polnische Republik ihren ukrainischen Einwohnern; nach der Volkszählung von 1931waren es 3,2 Millionen oder 10 Prozent der Bevölkerung[10], die größte Minderheit des neuen Staates. Im Gegenteil: gegenüber dem Status Quo der österreichischen Zeit mussten die Ukrainer die polnische Herrschaft als Rückschritt wahrnehmen: die Zahl der ukrainischsprachigen Grundschulen ging zum Beispiel von 2400 auf 500 im Jahre 1937 zurück[11], die versprochene ukrainischsprachige Universität in Lwiw wurde nie gegründet. Die Ukrainer in Polen gerieten zwischen den beiden Hauptströmungen der polnischen Politik der Zwischenkriegszeit und damit in die Falle. Das ihr Land zu Polen gehörte, verdankte man der »jagiellonischen« Politik von Staatsgründer Józef Piłsudski (1867–1935), der an die Glorie des frühneuzeitlichen Polens auch in territorialer Hinsicht anknüpfen wollte und ein möglichst tiefes Vorfeld gegen Russland anstrebte. Die Innenpolitik Polens jedoch prägte nicht der in Sprach- und Kulturfragen durchaus tolerante Piłsudski, sondern sein großer Konkurrent Roman Dmowski (1864–1939) von der »Nationaldemokratie« (Endecja), den die Ostgebiete nicht besonders interessierten, weil er einen homogenen Nationalstaat anstrebte, in dem Minderheiten eher störten. Seine Partei betrieb gegenüber den Minderheiten eine strikte Assimilierungspolitik, die dem Vorbild von Bismarcks Germanisierungspolitik gegenüber den in Preußen lebenden Polen nacheiferte und sie mit umgekehrtem Vorzeichen fortsetzte.

Widerstand von ukrainischer Seite konnte da nicht ausbleiben. 1920 trafen sich in Prag Veteranen der diversen erst kurz zurückliegenden Bürgerkriege auf ukrainischem Boden. Unter dem Vorsitz von Jevhen Konovalec (1891–1938), einem ehemaligen Offizier der k.u.k.-Armee, der zuletzt die ruthenischen Einheiten der Sitsch-Schützen kommandiert hatte, gründeten sie die »Ukrainische Militärorganisation« (Ukrainska Vijskova Orhanizacija, kurz: UVO). Die Gruppe setzte sich den bewaffneten Kampf sowohl gegen Polen als auch gegen die Sowjetunion zum Ziel, konnte diese Pläne aber nur in Polen in die Praxis umsetzen. Die Gruppe verübte Anschläge auf Vertreter des polnischen Staates – von Staatsgründer Piłsudski, den ein Pistolenschuss im Jahre 1921 in Lwiw aber verfehlte, bis zu Dorfpolizisten und Briefträgern. Die Gruppe sabotierte Eisenbahn- und Telegraphenlinien und zündete polnischen Bauern das Korn auf den Feldern an. Gern wurden Postämter überfallen, weil sich die Organisation davon Geld erhoffte. Anschlagsziele waren aber auch ukrainische und polnische Politiker und Aktivisten, die sich für eine Aussöhnung der beiden Nationalitäten einsetzten.

Eine zweite Finanzquelle fand die UVO schnell in Deutschland, das schon im Ersten Weltkrieg begonnen hatte, die Karte des ukrainischen Nationalismus zu spielen. Der erwähnte »Hetman« von deutschen Gnaden Pavlo Skoropadskyj setzte sich 1919 nach Berlin ab und hielt sich zur Verfügung; bis zu seinem Lebensende erhielt er eine Apanage aus deutschen Steuermitteln[12]. Auch Konovalec nutzte seine während des Krieges gewonnenen Kontakte zum deutschen Militär und hielt sie während seines ganzen restlichen Lebens aufrecht[13]. Seine Organisation lieferte der deutschen »Abwehr« Spionageinformationen aus Polen; Deutschland war auch Rückzugsraum ukrainischer Militanter, die angesichts polizeilicher Repressionen Polen verließen, und die Abwehr verhalf der UVO zu militärischen Schulungen in Deutschland. Die Zusammenarbeit hatte ihre Höhen und Tiefen, wurde aber nie ganz abgebrochen[14]. Ihr lag eine als gemeinsam wahrgenommene Interessenlage zugrunde. Sowohl die ukrainischen Nationalisten als auch die Weimarer Republik sahen sich als Opfer der politischen Nachkriegsordnung, wie sie im Versailler Friedensvertrag von 1919 und seinen Nachfolgeverträgen festgelegt worden war. In ihr war von der Ukraine zwar nicht eigentlich die Rede gewesen, aber der Gegner Polen verdankte seine Wiederbegründung genau diesem System[15]. Das reichte als Grundlage einer politischen Zusammenarbeit.

Die Terrorkampagne der UVO in Südostpolen lief sich innerhalb eines Jahres tot. Keines der politischen Ziele war erreicht, dafür waren zahlreiche Aktivisten verhaftet, die Organisation von Polizeispitzeln durchsetzt. Als Vergeltung griffen polnische Sicherheitskräfte zum Mittel der »Pazifizierung«, überfielen ukrainische Dörfer, schlossen ukrainische Bibliotheken und Kirchen, verwüsteten ukrainische Genossenschaften, verhafteten wohnheimweise ukrainische Studenten. Die Militärverschwörer von der UVO standen nun vor zwei Aufgaben: erstens eine Art politischer Massenorganisation zu schaffen, zweitens, um dieser ein inhaltliches Profil zu geben, eine politische Zielsetzung zu entwickeln und zu definieren, wie der angestrebte ukrainische Staat denn eigentlich aussehen solle. Die erste Aufgabe wurde mit dem »ukrainischen Nationalen Jugendverband« (SUNM) gelöst, der unter der ukrainischen Jugend der höheren Schulen in den galizischen Städten rasch Anhänger gewann; insbesondere in diesem Milieu – jungen Leuten aus meist »kleinen« Verhältnissen, Angehörigen einer Minderheit, die kulturell und wirtschaftlich benachteiligt war, radikalisierte sich der Nationalismus rasch – unter Anlehnung an zwei Quellen: den italienischen Faschismus, der damals frustrierten jungen Nationalisten gerade mit seinem »Marsch auf Rom« ein Beispiel dynamischer und zugreifender Politik gegeben hatte, und der Anwendung des italienischen Beispiels auf die Situation der Ukrainer in den Theorien des Publizisten Dmytro Donzow (1883–1973). Die Historikerin Franziska Bruder formulierte das Verhältnis der ukrainischen Nationalisten zum Faschismus so: »Im Prinzip nannten sich die ukrainischen Nationalisten nur deshalb nicht Faschisten, weil sie die ›Originalität‹ des ukrainischen Nationalismus betonen wollten«[16].

Donzow trug zur Ideologie des ukrainischen Nationalismus verschiedene Elemente bei, die bei Außenstehenden allenfalls Kopfschütteln auslösen – etwa die Behauptung, die Ukrainer seien keine Slawen, sondern Abkömmlinge einer »urarischen autochthonen Nation« und überhaupt das »älteste Volk der Welt«. Er – selbst aus Melitopol am Schwarzen Meer und damit aus dem russischen Teil der Ukraine gebürtig – führte in den ukrainischen Nationalismus die Parole der »Sobornist« ein: der Vereinigung aller ethnisch ukrainischen Gebiete weit über die Grenzen Galiziens und auch die heutigen Grenzen des ukrainischen Staates hinaus. Noch heute hört man von ukrainischen Nationalisten, auch das in Russland gelegene Kuban-Gebiet und die Region Stavropol seien eigentlich ukrainisch. Vor allem aber predigte er das Prinzip der »Amoralität«: die ukrainische Nationalbewegung müsse sich mit allen Gegnern ihrer gegenwärtigen Unterdrücker und vor allem Russlands verbünden, schrieb er in seiner Schrift »Nationalismus« von 1926[17].

Einer der jungen Leute, die diese Ideologien begierig einsogen, war der 1909 geborene Stepan Bandera, wie viele seiner Gesinnungsgenossen Sohn eines griechisch-katholischen Geistlichen.

Aus diesem Milieu mit seiner kulturellen Konstellation aus Nationalismus, Verschwörerromantik und Religiosität entstanden programmatische Texte der OUN, die »Zehn Gebote des ukrainischen Nationalisten«, die ein anderer dieser Priestersöhne, Stepan Lenkawskyj, verfasst hatte:

Du sollst den ukrainischen Staat erkämpfen oder im Kampf für ihn sterben.
Du sollst niemandem erlauben, Ruhm oder Ehre Deiner Nation zu beflecken.
…

Du sollst über die Sache nur mit denen sprechen, mit denen du es musst.

Du sollst nicht zögern, schwerste Verbrechen zu begehen, wenn die Sache es erfordert.

Du sollst den Feinden Deiner Nation mit Hass und Heimtücke begegnen.

Keine Bitten, Drohungen, Folterungen oder der Tod sollen dich zwingen, Geheimnisse preiszugeben.

Du sollst Kraft, Ruhm, Reichtum und Gebiet des ukrainischen Staats mehren, auch wenn dafür Ausländer unterdrückt werden müssen[18].

Es gab noch weitere solcher katechismusartigen Schulungsschriften, etwa die »12 Charaktereigenschaften des ukrainischen Nationalisten« oder die »44 Lebensregeln des ukrainischen Nationalisten«[19]. Keine dieser Schriften stellte theoretische Ansprüche; sie ließen sich genauso unter analphabetischen oder kaum des Schreibens kundigen Bauernsöhnen verbreiten wie unter den ihren Weg zum sozialen Aufstieg suchenden Gymnasiasten und Studenten.

1929 vereinte sich die vom deutschen oder tschechischen Exil aus operierende UVO mit dem in Galizien die Schuljugend rekrutierenden Jugendverband SUNM und einigen kleineren Gruppen zur Organisation Ukrainischer Nationalisten (OUN). Das Gründungstreffen fand in einem Wiener Hotel statt; die polnische Botschaft, die ihre Informanten unter den Verschwörern sitzen hatte, meldete nach Warschau, dass man diesen Ort vermutlich gewählt habe, um allzu enge Verbindungen nach Berlin zu verschleiern[20]. 24 der 30 Teilnehmer waren der polnischen Seite namentlich bekannt, die sechs Unbekannten hielt man für deutsche Militärs[21].

Die OUN verstand es in den 1930er Jahren, die Hegemonie unter den ukrainischen Oberschülern und Studenten in Galizien zu erringen; da praktisch alle ukrainischen Studenten in Lwiw ihr Studium zumindest begannen und dort meist in einem einzigen ukrainischen Studentenheim wohnten, war die soziale Kontrolle des Milieus durch die Führung der Organisation einfach[22]. Ab 1930 nahm die OUN die terroristischen Aktivitäten wieder auf. Sie überfiel Banken und Postämter, um Geld zu erbeuten. 1934 ermordete ein Kommando, an dem Stepan Bandera beteiligt war, den polnischen Innenminister Bronisław Pieracki. Der Mord wurde damit begründet, dass Pieracki für die Pazifizierungsaktionen von Polizei und Armee in ukrainischen Dörfern verantwortlich gewesen sei; faktisch aber gehörte er zu denjenigen polnischen Politikern, die auf einen politischen Ausgleich mit der ukrainischen Minderheit abzielten. Solche gemäßigten Politiker waren der OUN auch auf eigener Seite besonders verhasst, weil sie die klaren Frontstellungen zu verwischen drohten; auch sie wurden Ziel weiterer Anschläge der Nationalisten.

Das Attentat auf Pieracki war wie die meisten Anschläge der OUN dilettantisch geplant; so wurden die Täter rasch gefasst und zu hohen Haftstrafen verurteilt. Bandera erhielt lebenslänglich, erwarb aber große Popularität in den eigenen Reihen, weil er sich vor Gericht weigerte, auch nur ein Wort Polnisch zu sprechen. Die Haftstrafe endete nach etwas über fünf Jahren, als im September 1939 die polnischen Gefängniswärter im Zuchthaus Wronki nördlich von Posen angesichts der herannahenden Deutschen die Zellentüren aufsperrten und die Häftlinge laufen ließen. Bandera begab sich zunächst zu Fuß nach Lwiw, wo er aber nur von der polnischen Polizei zerschlagene Reste der OUN und überdies die sowjetische Besatzungsmacht vorfand. So zog er sich ins deutsch besetzte Krakau zurück und begann seine Karriere als Kollaborateur – in der Erwartung, Hitlerdeutschland werde schon bald doch noch die Sowjetunion angreifen.

Mit dem Angriff auf Polen hatte die »ukrainische Option« für Hitlerdeutschland wieder an Aktualität gewonnen. Bei einer Besprechung in Hitlers Sonderzug wurde am 12. September 1939 beschlossen, die Kontakte zu aktivieren, die einige Jahre lang – auch wegen der Ausschaltung der in Polen aktiven OUN-Funktionäre nach dem Anschlag von 1934 – nur auf Sparflamme hatten gepflegt werden können. Bei der Verwaltung des Generalgouvernements in Krakau entstand ein »Ukrainisches Zentralkomitee«, das sich der Pflege der Kontakte zu den ukrainischen Nationalisten widmete. 1940 begann die Wehrmacht, aus polnischen Kriegsgefangenen ukrainischer Nationalität zwei Bataillone Hilfstruppen aufzustellen. Sie bekamen die Decknamen »Nachtigall« und »Roland« und bestanden überwiegend aus OUN-Aktivisten. Bandera hatte derweilen die OUN gespalten und sich den militanten Mehrheitsflügel untergeordnet, der sich fortan OUN-B nannte. Die Minderheit blieb bei dem bisherigen Vorsitzenden Andryj Melnik und firmierte als OUN-M.

Als die deutsche Wehrmacht im Juni 1941 die Sowjetunion angriff, sahen Bandera und Genossen ihre Stunde gekommen. Die beiden ukrainischen Wehrmachtsbataillone stießen auf Lwiw vor und erreichten die Stadt noch vor den ersten deutschen Einheiten. Sofort machten sie sich daran, Juden und Kommunisten zu »liquidieren«. Am Abend des 30. Juni 1941 kam es zu einer gespenstischen Parallelaktion: Im Rathaus von Lwiw proklamierten OUN-Funktionäre einen »unabhängigen ukrainischen Staat«, der »in engster Zusammenarbeit mit dem nationalsozialistischen Großdeutschland« an einer »neuen europäischen Ordnung« bauen wollte. Parallel hierzu organisierten die Basis der OUN und die beiden ukrainischen Bataillone ein Pogrom, dem mehrere Tausend jüdische und polnische Einwohner sowie Kommunisten zum Opfer fielen[23].

Die Beteiligung der Ukrainer am Ermorden von Juden und Kommunisten war aus Sicht der Deutschen ganz in Ordnung; schließlich waren »Selbstreinigungsaktionen« der örtlichen Bevölkerung Teil der Besatzungsstrategie[24]. Weniger gefiel in Berlin die Staatsproklamation. So fiel die OUN-B nach zwei Jahren der Zusammenarbeit in Berlin wieder in

Ungnade. Bandera wurde nach Berlin vorgeladen und aufgefordert, die Proklamation zurückzunehmen. Als er sich weigerte, wurde er zunächst unter Hausarrest gestellt und anschließend ab dem Herbst 1941 für drei Jahre im Konzentrationslager Sachsenhausen inhaftiert. Auch mehrere Tausend UN-Aktivisten in der besetzten Ukraine wurden zumindest vorübergehend festgenommen; damit war die Phase der direkten Zusammenarbeit zwischen Banderas Leuten und den Deutschen zunächst beendet. Der 1940 von Bandera ausgebootete OUN-Flügel von Andryj Melnik dagegen war an der versuchten Staatsgründung nicht beteiligt gewesen und blieb von der Besatzungsmacht unbehelligt. Die Melnik-Anhänger hatten hinsichtlich der Kollaboration mit den neuen Herren ebenso wenig Skrupel wie die Bandera-Leute und traten massenhaft sowohl in die von den Deutschen eingesetzte ukrainische Hilfspolizei[25] und ab 1943 in die von der SS aufgestellte Freiwilligendivision »Galizien« ein[26]. Auch wenn damit historisch keine direkte Kontinuität zwischen den Bandera-Leuten und der SS-Division besteht, hindert das die Anhänger Banderas heute nicht, ihre Uniformjacken mit dem Emblem dieser Division, einem goldenen Löwen auf hellblauem Grund, zu kennzeichnen. Unterm Strich nahmen sich beide Flügel der OUN in ihrem Kollaborationswillen und ihrer Bereitschaft, sich an Verbrechen gegen vorgestellte Feinde der Ukraine zu beteiligen, wenig. Sie begingen sie zu verschiedenen Zeiten und unabhängig voneinander, aber auf einer gemeinsamen ideologischen Grundlage[27].

Als sich 1942 das Kriegsglück gegen Deutschland wendete, desertierten die meisten der ukrainischen Hilfspolizisten mit ihren Waffen in die Wälder[28]. Im Nordwesten der Ukraine herrschte von 1943 bis Mitte 1944, als die Rote Armee die Region befreite, ein Krieg aller gegen alle. Sowjetische, ukrainische und polnische Partisanen kämpften gegeneinander und requirierten bei der Zivilbevölkerung Lebensmittel, auf die es freilich auch die deutschen Besatzer abgesehen hatten. Die nutzten zumindest die Gegensätze zwischen polnischen und ukrainisch-nationalistischen Kämpfern für sich aus, indem sie in wechselnden Konstellationen mal mit der einen, mal mit der anderen Seite Stillhalteabkommen und taktische Bündnisse schlossen. Für die ukrainisch-nationalistischen Partisanen – inzwischen hatte die OUN-B eine »Ukrainische Aufstandsarmee« (UPA) als militärischen Flügel gegründet – stellt der Historiker Andreas Kappeler die Prioritäten so dar: »Gegner Nummer 1 waren die kommunistischen Partisanen und später die Rote Armee. Gegner Nummer 2 die hier ansässigen Polen … Erst in dritter Linie kämpfte die UPA auch gegen deutsche Behörden, Polizeikräfte und Truppen.«[29] Die erste Probe ihres mörderischen »Könnens« gab die UPA im Sommer 1943 mit der ethnischen Säuberung der Bezirke Galizien und Wolhynien von der polnischen Zivilbevölkerung. Polnische Gehöfte und Dörfer wurden umstellt und niedergebrannt, die Bewohner auf teilweise bestialische Weise mit Sensen und Äxten umgebracht. Die Zahl der polnischen Opfer wird auf mindestens 50 000 geschätzt[30]. Politisches Ziel dieser Kampagne war es, den Traum von der »Ukraine der Ukrainer«

nach der Vernichtung der Juden auch gegenüber den Polen wahr zu machen: sie sollten fliehen, sofern sie nicht vor Ort getötet werden konnten.

Anfang 1944 drang die Rote Armee auf das Westufer des Dnipro vor und eroberte bis zum Sommer die Westukraine bis auf die Höhe von Lwiw zurück. Daran konnte auch die 1943 aus Galiziern aufgestellte SS-Division nichts ändern; nachdem sie zunächst 1943 gegen polnische Partisanen im Gebiet Lublin eingesetzt worden war, wurde sie im Juli 1944 in der Schlacht von Brody praktisch aufgerieben; etwa 1 000 Überlebende schlossen sich der UPA an[31]. Diese von Banderas OUN-Flügel kontrollierte Truppe hatte im Laufe des Frühjahrs 1944 angesichts der wachsenden Bedrohung durch den sowjetischen Vormarsch ebenfalls wieder taktische Kooperationen mit Wehrmacht und SS aufgenommen; ihren Bitten, der UPA größere Mengen Waffen für den weiteren Kampf gegen die Sowjetarmee zu überlassen, kam die deutsche Seite freilich nicht nach[32]; nach der Erfahrung der versuchten Staatsgründung 1941 misstraute sie den Ukrainern.

Die Festnahme Banderas und anderer Führer der OUN-B durch die Deutschen in den mittleren Kriegsjahren wird auf ukrainischer Seite gern angeführt, um die zeitlich vorher und nachher liegende Tatsache der Kollaboration der OUN mit den Deutschen zu leugnen. Verschwiegen wird dabei nicht nur, dass Bandera in Sachsenhausen unter privilegierten Bedingungen gemeinsam mit anderen eventuell noch brauchbaren Politikern des deutsch besetzten

Europas festgehalten wurde. Er bekam Besuch von seiner Ehefrau und von politischen Weggefährten; Ende September 1944 wurde er freigelassen, weil Galizien nun wieder von der Sowjetarmee besetzt war und seine Untergrundkämpfer damit Nazideutschland nicht mehr gefährlich werden konnten. Nur eine Woche nach seiner Freilassung empfing ihn ein SS-Obersturmbannführer im Reichssicherheitshauptamt, um über eine eventuelle neuerliche Zusammenarbeit zu beraten[33]. Das Protokoll der Verhandlung zeugt von Argwohn auf beiden Seiten; der Deutsche, der es anfertigte, kennzeichnete Bandera abschließend als »zähen, fanatischen Slawen …, im Augenblick für uns unerhört wertvoll, später gefährlich. Haßt sowohl Großrussen wie Deutsche. Ich bitte vorschlagen zu dürfen, ihn trotz allem einzusetzen, seine Bewegung zu aktivieren. Gegen uns kann er im Augenblick nicht viel unternehmen, aktiviert für uns kann er den Nachschub doch erheblich gefährden.«[34]

So wurde verfahren. Ob Banderas Anhänger noch viel gegen den sowjetischen Nachschub in Galizien unternehmen konnten, ist zweifelhaft; sie begannen alsbald ihren eigenen Partisanenkrieg gegen die sowjetischen Behörden und hatten genug damit zu tun, ihre eigene Haut zu retten. Auch das gelang nur vorübergehend[35]. Aber Bandera hatte nach wie vor einflussreiche Förderer im Reichsministerium für die besetzten Ostgebiete, das sich seit Beginn des Krieges gegen die Sowjetunion dafür ausgesprochen hatte, unter den nichtrussischen Nationalitäten der UdSSR Verbündete für Deutschland zu gewinnen.

Der wichtigste war ein junger Professor namens Gerhard von Mende (1904–1963). Der Sohn eines während des russischen Bürgerkriegs von den Bolschewiki erschossenen Bankdirektors aus Riga hatte nach der Emigration seiner Familie nach Deutschland bei den Nazis Karriere gemacht und neben seiner Tätigkeit im Ostministerium, wo er für die muslimischen Völker der UdSSR zuständig war, eine Professur an der Humboldt-Universität errungen. Der Schreibtischtäter und Mitwisser des Holocaust (er nahm an mehreren Folgetreffen der Wannseekonferenz teil[36]) verschaffte Bandera Reisepapiere nach Westen, als im Januar 1945 die Situation in Berlin bedrohlich wurde. Bandera gelangte so über einige Zwischenstationen in Österreich 1946 nach Bayern, wo sich in und um München ein Zentrum der ukrainischen Nationalisten im Exil herausbildete. Sein Förderer Gerhard von Mende war unterdessen in der britischen Besatzungszone gelandet, wo er sein Wissen über antikommunistische Bewegungen in Osteuropa mit dem Londoner Geheimdienst teilte. Er war es vermutlich, der Bandera an den MI6 vermittelte, mit dem er nach Aussage von Dokumenten des US-Geheimdienstes ab 1948 oder 1949 etliche Jahre zusammenarbeitete[37]. Die Zusammenarbeit soll 1954 geendet haben, als Bandera so viel Geld verlangte, dass die Briten ausstiegen.

An dieser Stelle kam Bandera sein alter Förderer Gerhard von Mende ein zweites Mal zu Hilfe. Er war inzwischen – wegen seiner notorischen Nazivergangenheit nur freiberuflicher – Mitarbeiter des Bundesamtes für Verfassungsschutz und betrieb in

Düsseldorf ein »Büro für heimatlose Ausländer«, das sich de facto mit der Koordination und nachrichtendienstlichen Abschöpfung der diversen nichtrussischen Emigrantenmilieus aus der Sowjetunion beschäftigte. Von Mende intervenierte nicht nur, als Bandera wegen der Benutzung falscher Ausweise mit der bayerischen Polizei in Konflikt kam, und sorgte mit einem Persilschein dafür, dass diese Ermittlungen eingestellt wurden. Er vermittelte auch den Kontakt zum neugegründeten Bundesnachrichtendienst, der Bandera trotz amerikanischer Warnungen als Quelle übernahm und über seine Organisation Agenten in die Ukraine zu schleusen suchte. Was Bandera dem BND erzählte, ist nicht in offenen Akten einsehbar[38]; nach US-Ansicht waren seine Agentennetze vom KGB infiltriert und »tot«[39]. Die Zusammenarbeit mit den Pullacher Agenten muss sich aber aus Banderas Sicht zufriedenstellend angelassen haben; noch am Tag vor seiner Ermordung hatte er in einem Münchener Restaurant ein Treffen mit »Vertretern einer nichtukrainischen Organisation« (so die Darstellung gegenüber der in seinem Todesfall ermittelnden Münchener Polizei)[40], aus dem er nach Aussage seiner Witwe in gelöster und positiver Stimmung zurückgekehrt sein soll[41]. Bandera wurde am 15. Oktober 1959 gegen Mittag im Treppenhaus seines Münchener Wohnhauses von einem sowjetischen Agenten mit zerstäubtem Blausäuregas getötet. Die Polizei schloss die Ermittlungen wenige Tage später ohne erkennbares Ergebnis ab. Man verdächtigte einen unbekannten sowjetischen Agenten in Banderas engster Umgebung. Wäre nicht der Attentäter Bohdan Staschynski zwei Jahre später nach Westberlin geflohen und hätte dort gegenüber den amerikanischen Behörden ausgepackt, wäre der Fall wahrscheinlich nie aufgeklärt worden. Staschynski wurde 1961 vom Bundesgerichtshof zu acht Jahren Zuchthaus verurteilt[42], von denen er vier in Deutschland absaß. Dann wurde er in die USA entlassen, wo sich seine Spur verliert; wahrscheinlich haben ihm die US-Geheimdienste, mit denen er zusammenarbeitete, eine neue Identität verschafft.

Noch Jahre nach seinem Tod ermittelte die bayrische Polizei gegen Bandera und seine Umgebung wegen des Verdachts anderer Verbrechen, darunter Mord und Entführung politischer Gegner. Doch die Nachforschungen verliefen im Sande. Lange Jahre nach Banderas Tod schrieb ein Beamter des bayerischen LKA im März 1968 in seinem Abschlussvermerk:

»Bei dem vorstehenden Sachverhalt wird von der Durchführung weiterer kriminalpolizeilicher Ermittlungen Abstand genommen. Nach Sachlage kann [die Angelegenheit] nur auf nachrichtendienstlichem Wege geklärt werden«[43]. Und daran bestand offensichtlich politisch kein Interesse. Der OUN-Verlag in der Münchener Zeppelinstraße 67 wurde erst in den 1990er Jahren aufgelöst und in die Ukraine zurückverlegt. Der ukrainische Präsident Wiktor Juschtschenko hat an dem Haus eine Gedenktafel in deutscher und ukrainischer Sprache anbringen lassen. Im August 2014 wurde sie von Unbekannten mit roter Farbe bespritzt[44].

Auch wenn die US-Geheimdienste ihre britischen und deutschen Kollegen von einer Zusammenarbeit mit Bandera abzuhalten suchten, verschmähten sie nicht die Zusammenarbeit mit seinen Leuten. CIC und später die CIA stützten ihre eigene Arbeit mit ukrainischen Nationalisten auf zwei Funktionäre, die bei der Staatsproklamation von 1941 – anders als Bandera, der in Krakau abgewartet hatte, wie sich die Dinge entwickeln würden – persönlich dabeigewesen waren: den ehemaligen Feldprediger des Bataillons »Nachtigall«, Ivan Hrynioch, und Mykola Lebed'. Beide waren 1948 von Bandera bei einer weiteren Spaltung der OUN ausgeschlossen worden[45]. Die Zusammenarbeit mit Lebed' dauerte, so Breitman/Goda, »den ganzen Kalten Krieg über«.

In der Ukraine selbst bekämpfte die Sowjetmacht die in den Untergrund abgetauchten Nationalisten mit hohem militärischem und politischem Aufwand. Der Großteil der UPA war zwar bis zum Frühjahr 1946 zerschlagen[46]; kleinere Partisaneneinheiten der UPA hielten sich jedoch in entlegenen Teilen der Karpaten bis in die 1950er Jahre, der allerletzte UPA-Partisan offenbarte sich erst 1991, als die Ukraine ihre Unabhängigkeit erklärt hatte. Es gelang dem NKWD, die Untergrundstrukturen der Nationalisten weitgehend zu infiltrieren; so war der Bandera-Attentäter Bohdan Staschynskyj 1950 beim Schwarzfahren in der Eisenbahn erwischt und zur Agententätigkeit gegen die UPA erpresst worden. Diese Infiltration war ein wesentliches Argument, mit dem der US-Geheimdienst Briten und Westdeutsche vor der Zusammenarbeit mit Bandera warnte.

Schwieriger war es für die sowjetischen Behörden, die nationalistische Sozialisation der Bewohner der Westukraine zu brechen. Schon in internen Einschätzungen der frühen 1950er Jahre wurden »Verletzungen der sozialistischen Gesetzlichkeit« moniert, etwa die Tatsache, dass Kämpfer, die sich in der Hoffnung auf eine Amnestie ergeben hatten, dann doch vor Gericht gestellt und Repressionen ausgesetzt wurden. Auch sei mit den Verwandten der Partisanen »inadäquat« umgegangen worden. Tausende von nicht direkt im Untergrund aktiven Personen, die des »bürgerlichen Nationalismus« bezichtigt wurden, wurden zwangsumgesiedelt oder in die Lager des hohen Nordens und Sibiriens geschickt: 1951 stellten Ukrainer 40 Prozent der Insassen des Lagerkomplexes in Workuta[47] Als es 1953 nach Stalins Tod zu Aufständen in den Lagern von Workuta und Norilsk kam, sollen ukrainische Häftlinge die treibende Kraft gewesen sein. Auch wenn sie wegen der Repressionen nicht mehr offen zutage getreten sein mag, manifestierte sich die nationalistische Grundhaltung der Westukrainer im Alltag noch lange nach der militärischen Niederschlagung des Untergrundes. Als mit dem Überlaufen des Bandera-Attentäters Bohdan Staschynskyj in den Westen klar war, wer Bandera umgebracht hatte, wurden seine in der Ukraine verbliebenen Familienangehörigen von ihren Nachbarn sozial boykottiert; auf dem Markt von Lwiw sollen eine Zeitlang die Tomaten und Zwiebeln aus dem »Dorf des Heldenmörders« nicht abzusetzen gewesen sein[48].

Die sowjetischen Repressionen gegen das nationalistische Milieu in der Westukraine brachten, nüchtern betrachtet, nur einen Teilerfolg. Zwar waren die Nationalisten nicht mehr in der Lage, die Machtfrage zu stellen, aber ihre Ideologie war in der Gesellschaft weiterhin virulent. Auch die unierte Kirche, die 1946 in einer Zwangsfusion in die russisch-orthodoxe Kirche überführt wurde, bestand – unterstützt von obskuren Vereinen wie einem »Institut Glaube in der Zweiten Welt« in Königstein im Taunus – im Untergrund fort. Wer von den mehreren Zehntausend inhaftierten ukrainischen Nationalisten die Lager überlebte und in den Genuss von Amnestien kam, kehrte nicht als geläuterter Sowjetbürger zurück, sondern als nach Revanche strebender Märtyrer. Als die Sowjetunion Ende der 1980er Jahre in ihre finale Krise eintrat, brauchte es nicht viel Aufwand, um die Strukturen des organisierten ukrainischen Nationalismus wieder zu beleben. Ganz tot war dieses Milieu nie. Als der Autor in den späten 1970er Jahren ein Semester in Kiew studierte, machte er in einer Kneipe die Bekanntschaft eines »Filmemachers« namens Sascha, der ihm nach dem zweiten oder dritten Schnaps eröffnete, Hitler habe einen großen Fehler gemacht: nicht noch mehr Russen umgebracht zu haben.

Die ukrainische Sowjetrepublik

Die »Ukrainische Sozialistische Sowjetrepublik« mit der Hauptstadt Charkiw entstand 1918 unter chaotischen Umständen als Ad-hoc-Gebilde. Sie fasste frühere territorial auf der Grundlage der russischen Gouvernementseinteilung entstandene Sowjetrepubliken wie die »Sowjetrepublik Odessa«, die »Donezk-Kriworoger Sowjetrepublik« oder die »Taurische Sowjetrepublik« zusammen. Dass die Bolschewiki diese zuvor südrussischen Regionen nun als »ukrainisch« bezeichneten, war erkennbar der Versuch, der in Kiew herrschenden und von bürgerlichen Politikern geleiteten »Ukrainischen Volksrepublik« auch staatsrechtlich etwas entgegenzustellen. Insofern war diese Proklamation der bürgerlichen Nationalbewegung ein Punkt, hinter den auch die Bolschewiki nicht mehr zurückkonnten – auch wenn das heute Wladimir Putin nicht passt, der diese Entscheidung in seiner Rede zur Krim-Übernahme mit den Worten »Gott sei ihr Richter« kritisiert hat[49]. In Anlehnung an Lenins berühmtes Kochrezept des Kommunismus als Sowjetmacht plus Elektrifizierung waren die drei Komponenten der Ukrainischen Sowjetrepublik: Berufung auf die Ukrainer als Titularnation, Sowjetmacht, also Zusammenarbeit mit den Bolschewiki, und Bindung an Russland. Das erste dieser Elemente betrachtete Rosa Luxemburg als gefährlichen Fehler und ein Zugeständnis an die Bourgeoisie; dies ist eines der wichtigsten Argumente ihrer Polemik mit Lenin in der Schrift zur russischen Revolution. Luxemburg hielt diese Konzession an den Nationalismus vor dem Hintergrund der Erfahrungen von 1905–07 für überflüssig und sogar politisch schädlich. Der Realpolitiker Lenin sah die Kräfteverhältnisse im Vielvölkerstaat Russland des Jahres 1918 offenbar anders als 13 Jahre zuvor und traute dem ukrainischen Nationalismus zu, auch in der Industriearbeiterschaft Fuß gefasst zu haben – weshalb womöglich auch die ansonsten »eigenen« Leute nicht mehr ohne ein ukrainisches Etikett im Staatsnamen bei der Stange zu halten sein würden. So also kam das Kind zu seinem Namen.

Nachdem sich ihre Macht durch den Sieg im russischen Bürgerkrieg konsolidiert hatte, praktizierten die Bolschewiki auch in der Ukraine zunächst eine liberale Linie der Nationalitätenpolitik: unter der Parole der »Einwurzelung« (korenizacija) sollte die neue Ordnung mit gewissen Zugeständnissen an die nationalen Eigenheiten der örtlichen Bevölkerung deren Herzen und Hirne gewinnen, eben Wurzeln schlagen. Das richtete sich vor allem an die Intelligenz, auf deren Expertise das Land für den Wiederaufbau angewiesen war. So wurde der Historiker und kurzzeitige Präsident der »Ukrainischen Volksrepublik«, Michailo Hruschewskyj, trotz seiner politischen Rolle 1918 aus dem österreichischen Exil in die Ukraine zurückgeholt und bekam für einige Jahre eine leitende Professur an der Kiewer Universität. Die umfangreichen Alphabetisierungskampagnen führten dazu, dass erstmals breite Massen der Arbeiter- und Bauernschaft in ukrainischer Sprache eine Ausbildung und damit auch eine nationale Identität als Ukrainer erhielten – allerdings eine, die nicht im Gegensatz zu Russland definiert war, sondern als Verhältnis zweier »Brudervölker«[50]. Zu Beginn der 1930er Jahre endete aber diese kulturpolitisch liberale Phase; parallel zur Zwangskollektivierung der individuellen Bauernhöfe, die die Ukraine als landwirtschaftliches Herzland der Sowjetunion stark traf und durch die bewusst in Kauf genommene Hungersnot des Winters 1932/33 Millionen von Todesopfern hinterließ, wurde die ukrainische Sprache aus der Öffentlichkeit zurückgedrängt, wenn auch nicht direkt verboten. Viele ukrainische Intellektuelle, die sich in der Phase der Korenizacija hervorgewagt hatten, wurden in den 1930er Jahren Opfer der Stalinschen Repressionen.

Die sowjetische Industrialisierungspolitik während der ersten Fünfjahrpläne veränderte die Ukraine nachhaltig und langfristig. Das wegen seiner fruchtbaren Schwarzerdeböden traditionell landwirtschaftlich geprägte Land wurde partiell zum Industriestandort. Schon im ersten Fünfjahrplan wurde die Staustufe DNEPROGES bei Zaporizzhja in Angriff genommen, die ab 1932 Strom für die Ansiedlung schwerindustrieller Betriebe am unteren Dnjepr lieferte und den Ausbau der Region zu einem der wichtigsten Industriegebiete der Sowjetunion ermöglichte. Im Donbass, dem damals wichtigsten Kohleabbaugebiet der UdSSR, wuchs die Bevölkerung zwischen 1926 und 1939 geradezu explosionsartig von zwei auf fünf Millionen[51]. Die Zuwanderer waren national bunt gemischt; die

Volkszählungen jener beiden Jahre wiesen neben Ukrainern und Russen auch noch Griechen, Juden, Weißrussen, Deutsche, Tataren und Polen als relevante Nationalitäten aus.

In der zweiten Septemberhälfte 1939 besetzte die Rote Armee ohne Kampfhandlungen die Westgebiete der Ukraine und Weißrusslands. Stalin hatte sich im Schatten des deutschen Angriffs auf Polen die Gebiete wiedergeholt, die die Sowjetunion 1921 im Frieden von Riga an Polen hatte abtreten müssen. Damit war, was die Ukraine angeht, erstmals im Wesentlichen die geographische Gestalt der Republik hergestellt, in der das Land 1991 seine Unabhängigkeit erklärte – und ironischerweise ausgerechnet durch Stalin das Donzowsche Postulat der »sobornist«, der Vereinigung aller ukrainischen Gebiete innerhalb eines Staates, realisiert. Freilich blieb die extreme Unterschiedlichkeit der nun vereinten Regionen davon unberührt und sollte der Sowjetmacht bis zu ihrem Ende zu schaffen machen. Gegen die Aktivisten der ukrainisch-nationalistischen Bewegung, deren sie habhaft werden konnte, ging die Sowjetmacht mit Repressionen und Deportationen vor.

Nach dem deutschen Überfall auf die Sowjetunion wurde der größte Teil der Ukraine schon 1941 von der Wehrmacht erobert und zwischen Sommer 1943 und Sommer 1944 wieder befreit. Anders als in der »Partisanenrepublik« Belarus hielt sich der Widerstand der einheimischen Bevölkerung gegen die deutsche Besatzung allerdings auch außerhalb der Nationalistenhochburgen in Galizien in der »sowjetischen« Ukraine in Grenzen. Dafür gab es mehrere Gründe: zum einen fehlten die ausgedehnten Waldgebiete, in denen Partisanen hätten Zuflucht finden können; zweitens war die Erinnerung an die Brutalität der Kollektivierung der Landwirtschaft auf dem Lande noch frisch, und viele Bauern hegten die – vergebliche – Hoffnung, dass die Deutschen ihnen ihr einstiges Land wiedergeben würden. Drittens hatte die sowjetische Industrialisierung in den rasch aufgebauten Großbetrieben der Süd- und Ostukraine bei den Belegschaften einen starken Betriebspatriotismus und eine Identifikation mit »ihren« Fabriken gezüchtet. Diese Loyalität geriet in Gefahr, als die sowjetischen Truppen bei ihrem Rückzug die vor wenigen Jahren unter großen Entbehrungen aufgebauten Anlagen demontierten oder zerstörten, um sie dem Feind nicht in die Hand fallen zu lassen. Für die Industriebevölkerung bedeutete jede dieser Varianten ganz elementar den Verlust der Existenzgrundlage, und es sind Beispiele davon überliefert, dass Arbeiter versuchten, die Zerstörung der Betriebe zu verhindern[52]. Die auf maximale Ausbeutung des Landes und seiner Ressourcen gerichtete deutsche Besatzungspolitik zwang ebenso wie die 1942 einsetzende Aushebung von Zwangsarbeitern der ukrainischen Bevölkerung einen physischen Überlebenskampf auf, der für Überlegungen über ukrainische Staatlichkeit kaum Platz gelassen haben dürfte. Das mussten auch die »Marschgruppen« aus OUN-Kadern erfahren, die die Nationalisten im Schlepptau der deutschen Truppen nach Osten schickten, um auch dort wenigstens die Lokalverwaltung zu übernehmen und Einfluss in der ostukrainischen Bevölkerung zu gewinnen. Die OUN-Aktivisten dienten sich den Deutschen als Redakteure besatzungskonformer Zeitungen an, die aber offenbar in der Bevölkerung nicht angenommen wurden. Ihre nationalistische Propaganda muss den Ostukrainern schnell auf die Nerven gegangen sein, und in einzelnen Fällen müssen allzu aufdringliche nationalistische Agitatoren sogar aus der Bevölkerung heraus bei den Deutschen als vermeintliche Sowjetagenten denunziert worden sein, um sich ihrer zu entledigen[53]. Welche Diaspora die Ostukraine für die Nationalisten darstellte, geht auch aus Statistiken der sowjetischen Justiz hervor, die nach der Befreiung die Nationalisten verfolgte. Danach stammten von insgesamt 27.532 OUN-Mitgliedern, die die Geheimpolizei des NKWD zwischen 1943 und 1946 festnahm, nur 150 aus dem Donbass[54].

Die drei Jahre, in denen das Land Kriegsschauplatz war, hatten die Ukraine im wörtlichen Sinne in eine Wüste verwandelt. Die kriegsbedingten Bevölkerungsverluste werden auf zwischen fünf und sieben Millionen Menschen geschätzt, die Wirtschaftsleistung war auf ein Viertel des Vorkriegsstandes gesunken, 80 Prozent der Industrieanlagen lagen in Trümmern[55], zumal die Wehrmacht auf dem Rückzug auch in der Ukraine die Taktik der »verbrannten Erde« anwandte und zerstörte, was die Deutschen nicht hatten abtransportieren können. So stand zunächst der wirtschaftliche Wiederaufbau im Vordergrund; schon im Rahmen des vierten Fünfjahrplanes (1946–1950) wurde das Vorkriegsniveau auf vielen Gebieten wieder erreicht, vor allem in der Schwerindustrie.

Mit der Rückeroberung der – 1945 noch auf Kosten Ungarns und der Tschechoslowakei um das Transkarpatengebiet erweiterten – Ukraine stand allerdings auch die politische Integration der Bevölkerung in das sowjetische System auf der Tagesordnung. Gegen den nationalistischen Widerstand der OUN/UPA ging die Sowjetmacht mit aller Härte vor; Zehntausende nationalistischer Partisanen wurden in Kämpfen getötet, über 100 000 mutmaßliche oder wirkliche Unterstützer nach Sibirien verschickt. Gleichzeitig wurde aber das ukrainische Bildungswesen ausgebaut – die Volkswirtschaft brauchte Fachkräfte. Wo solche aus der Ukraine nicht zu rekrutieren waren, wurden allerdings auch viele Russen in die Ukraine geholt; ab 1946 begann eine massive Einwanderungswelle. Die politische Unterstützung für die neue Staatsmacht scheint in der Westukraine in den ersten Jahren zurückhaltend gewesen zu sein; die Parteiorganisationen in Galizien setzten sich lange Jahre überwiegend aus Zuwanderern zusammen.

Nach Stalins Tod gingen die unmittelbaren Repressionen gegen die Ukrainer zurück, von denen der neue Parteichef Nikita Chruschtschow in seiner Rede auf dem 20. Parteitag sagte, am liebsten hätte sie Stalin auch als ganze Nation deportiert wie Wolgadeutsche, Krimtataren und Tschetschenen; der Plan sei nur daran gescheitert, dass die Ukrainer zu zahlreich gewesen seien und der Platz gefehlt habe, wohin man sie hätte verschicken können[56]. 1954 wurde die Halbinsel Krim durch eine Entscheidung des neuen Parteichefs Nikita Chruschtschow von

von der russischen an die ukrainische Sowjet-republik übertragen. Die offizielle Begründung war der 300. Jahrestag des Vertrags von Perejaslawl zwischen dem Zarenreich und den Kosaken unter Bogdan Chmelnickij – man wolle so die ewige Freundschaft zwischen dem ukrainischen und dem russischen Volk würdigen. Nach dem Ende der Sowjetunion ist diese Entscheidung in Russland oft verflucht worden, und die Publizistik hat sie allen möglichen Ursachen zugeschrieben: einer Wodkalaune Chruschtschows, schlechtem Gewissen wegen seiner Rolle als ukrainischer Parteichef unter Stalin, seinem eigenen nicht minder selbstherrlichen Entscheidungsstil. Letzteres Argument hat Wladimir Putin in seiner Rede zur Rückübernahme der Krim am 18. März 2014 vorgetragen[57].

Das ist freilich von Seiten Putins eine Mystifikation. Es gab aus der Situation von 1954 mindestens drei Begründungszusammenhänge, die eine solche Entscheidung nahe legen konnten. Das erste, politische, Argument zielte im Sinne des kaum beendeten Bürgerkriegs in der Ukraine und im Bewusstsein der Wunden, die er in der Gesellschaft geschlagen hatte, auf ein Integrationsangebot an die ukrainische Bevölkerung. Der zweite Argumentationsstrang war von fast schon klassischer Banalität und erschließt sich beim Blick auf die Landkarte: die Landverbindung auf die Krim verläuft über die Ukraine, von daher bot es sich an, die Versorgung der Halbinsel mit Energieträgern und Süßwasser von dort aus zu realisieren, wie es in den Jahrzehnten danach auch geschehen ist – mit der Folge, dass die Krim im Augenblick ihrer Trennung von der Ukraine bei Öl und Gas zu 80, bei Trinkwasser sogar zu 90 Prozent von der Festlandsukraine abhängig war, was zu nicht geringen Problemen bei ihrer Versorgung durch Russland führt. Ein dritter möglicher Beweggrund ist gewissermaßen die Umkehrung oder Ergänzung des ersten, nationalitätenpolitischen Arguments und wird vor dem Hintergrund der demographischen Verhältnisse auf der Krim in der Nachkriegszeit deutlich. Die Krim hatte einen Bevölkerungsaustausch hinter sich. Die seit Jahrhunderten auf der Halbinsel lebenden Tataren waren auf Befehl Stalins unmittelbar nach der Befreiung der Krim 1944 unter dem Vorwurf der Kollaboration mit den deutschen Faschisten kollektiv nach Usbekistan deportiert worden; die verwaisten Dörfer waren überwiegend mit Bauern aus Nordrussland wiederbesiedelt worden – die übrigens mit der im südlichen Klima der Krim notwendigen Bewässerungswirtschaft nicht zurechtkamen, weshalb das von den Tataren aufgrund traditionellen bäuerlichen Wissens angelegte System von Zisternen und kleinen Kanälen schnell verkam und erst recht der Bau des Nord-Krim-Kanals erforderlich wurde, der – wegen seines offenen Verlaufs unter gigantischen Verdunstungsverlusten – Süßwasser aus dem nicht zuletzt zu diesem Zweck angelegten Stausee von Kachowka am Unterlauf des Dnipro auf die Krim leitete. Jedenfalls war die Krim Anfang der 1950er Jahre mehrheitlich mit Russen besiedelt; der latent unzuverlässigen ukrainischen Sowjetrepublik ein solches Minderheitsgebiet zu »injizieren«, konnte auch im Sinne der unter Stalin erprobten Nationalitätenpolitik zweckmäßig sein.

Denn die hatte regelmäßig innere Verwaltungsgrenzen so gezogen, dass keine Titularnation einer Republik in dieser zu mächtig wurde und etwaige Konflikte der Vermittlung der Zentrale bedurften – Beispiele für die Folgen sind der in den 1980er Jahren ausgebrochene Kleinkrieg zwischen Armeniern und Aserbaidschanern im Transkaukasus oder der bis heute schwelende Streit zwischen Kirgistan und Usbekistan um das Wasser der zentralasiatischen Ströme. Insofern ist Putins Argument in derselben Rede, niemand habe 1954 voraussehen können, was 1991 geschehen würde, zwar richtig, aber es erfasst nicht die Komplexität der damaligen Situation.

Bis in die späten 1960er Jahre wurde die ukrainische Sprache und Literatur in der Sowjetunion durchaus gefördert; Höhepunkt war die Amtszeit des Republikparteichefs Petro Schelest (1963–1972)[58]. Dieser Politiker vereinte in seiner Person sowjetisch kompatiblen ukrainischen Nationalismus mit absoluten Hardliner-Positionen in internationalen Fragen. So gehörte er zu den Initiatoren der militärischen Intervention des Warschauer Pakts in der Tschechoslowakei 1968 und warnte die Führung davor, auf die Ostpolitik Willy Brandts einzugehen; gleichzeitig schützte er aber in der Ukraine nationalistische Dissidenten vor Verfolgung. Für seine Amtsenthebung werden zwei Gründe genannt, die sich nicht ausschließen müssen: die Herausgabe eines – mutmaßlich nicht von ihm verfassten – patriotischen Prachtbandes »Oh du meine sowjetische Ukraine«, dem Moskauer Rezensenten »Überbetonung des Lokalpatriotismus« vorwarfen, und sein Widerstand gegen die Idee von Leonid Breschnew, US-Präsident Nixon in Moskau zu empfangen. Schelest wurde nach seiner Absetzung auf einen Repräsentationsposten in Moskau gesetzt, aber er durfte zeit seines Lebens nicht in die Ukraine zurückkehren; er starb 1996 in Moskau und wurde später auf einen Kiewer Ehrenfriedhof umgebettet.

Sein Nachfolger Vladimir Schtscherbitzkij, der von 1972 bis 1990 die Spätphase der Sowjetukraine verwaltete, zog in politischer und kultureller Hinsicht die Zügel wieder an. Schulreformen stärkten in Verbindung mit dem allgemeinen Modernisierungs- und Urbanisierungsprozess des Landes die Rolle des Russischen gegenüber dem Ukrainischen; vor allem in den Städten und im Süden und Osten des Landes wurde Russisch die überwiegende Sprache, in der sich ähnlich wie schon im 19. Jahrhundert der Bildungsaufstieg junger Menschen vollzog. Ukrainischsprachige Autoren und Künstler, die hiergegen protestierten, wurden verhaftet und oft zu langen Haftstrafen verurteilt; die in Kiew und Lwiw konzentrierte Dissidentenszene blieb aber im Kern intakt. Trotzdem deutete wenig auf eine ukrainische Unabhängigkeit hin. Nach Andreas Kappeler galten die Ukrainer bis in die 1980er Jahre auch im Westen »als regionale Variante der russischen Nation«[59], und noch am 1. August 1991 warnte US-Präsident George Bush senior in einer Rede im Kiewer Parlament die Ukrainer vor »selbstmörderischem Nationalismus«[60], was die damals bereits aktiven Nationalisten über die Maßen erboste.

Das Ende der Sowjetukraine begann am 26. April 1986 mit der Explosion von Block 4 des Atomkraftwerks Tschernobyl. Zwar bekam die Ukraine wegen der Windverhältnisse weniger Strahlung ab als das nördlich angrenzende Weißrussland, aber die auf Vertuschen und Verzögern ausgerichtete Informationspolitik der ukrainischen Parteiführung untergrub ihre politische Legitimation. Im negativen Sinne legendär ist die Überlieferung, dass die regionale Nomenklatura ihre eigenen Familien schon in unverstrahlte Regionen in Sicherheit gebracht hatte, als sie die Kiewer Bevölkerung noch zur Parade am 1. Mai antreten ließ. Der anschließende Einsatz Zehntausender Katastrophenhelfer aus der ganzen Sowjetunion konnte nichts daran ändern, dass die ukrainische Filiale der KPdSU in den Augen von immer mehr Bürgern ihre Legitimation verspielt hatte. Im Zuge der Gorbatschowschen Glasnost-Politik trauten sich die Dissidenten ab den späten 1980er Jahren wieder an die Öffentlichkeit. Die ukrainische Parteiorganisation der KPdSU war gespalten, ein Teil der Führung unterstützte die nationalen Forderungen der Opposition[61] – wobei anfangs das Motiv wohl war, durch eine Umarmungstaktik den Nationalisten den Wind aus den Segeln zu nehmen und die heranreifende politische Gefahr zu entschärfen. Auf jeden Fall kam es zu der absurden Situation, dass die ukrainische KP im Herbst 1990 nicht mehr willens war, gegen den Widerstand nationalistischer Demonstranten eine Kundgebung ihrer eigenen Anhänger und Kriegsveteranen zum Jubiläum der Befreiung von Kiew am 6. November durchzusetzen[62].

Die Unabhängigkeit der Ukraine kam dann als Sturzgeburt. Keine drei Wochen nach Bushs beschwichtigender »Chicken Kiev«-Rede kam es in Moskau zu dem Staatsstreichsversuch des konservativen »Staatskomitees für den Ausnahmezustand«. Die dilettantisch vorbereitete und geführte Aktion brach nach wenigen Tagen zusammen, und der Gorbatschow-Gegner Boris Jelzin, der sich inzwischen zum Präsidenten der Russischen Föderativen Sowjetrepublik hatte wählen lassen, ließ die KPdSU verbieten. In dieser Situation wählte die Führung der ukrainischen Kommunisten den Notausstieg. Um nicht in den Sog der befürchteten Repressionen gegen sie als regionale Filiale der KPdSU zu geraten, stimmte sie am 24. August 1991 im ukrainischen Parlament gemeinsam mit den Nationalisten für die Unabhängigkeit des Landes. Die Abgeordneten der KPU wurden dabei erheblich unter Druck gesetzt. »Wenn ihr nicht für die Unabhängigkeit stimmt, sitzen wir in der Scheiße«, soll der Republiks-Parteichef Stanislaw Gurenko seinen Genossen vor der entscheidenden Abstimmung gedroht haben[63]. Es war die Hochzeit der Wendehälse. Parlamentspräsident Leonid Krawtschuk, zuvor Sekretär für Ideologie und Propaganda der Republiksorganisation der KPdSU, ließ seine eigene bisherige Partei schon eine Woche nach dem Unabhängigkeitsbeschluss verbieten. Die Entscheidung des Parlaments wurde am 1. Dezember 1991 durch ein Referendum bestätigt, bei dem sich im Schnitt 90 Prozent der Teilnehmer für die Unabhängigkeit aussprachen; auf der Krim lag der Anteil der Ja-Stimmen mit 54 Prozent zwar signifikant unter dem Landesdurchschnitt, aber immer noch über 50 Prozent[64]. Durch ein Autonomiestatut wurden die prosowjetisch gestimmten Kräfte schließlich besänftigt und dazu bewegt, sich mit dem Verbleib in der Ukraine abzufinden. Erster Präsident der unabhängigen Ukraine wurde der abtrünnige KP-Funktionär Leonid Krawtschuk. Die Mehrheit der Partei hatte beschlossen, lieber König im Dorf zu sein, um so viel wie möglich von ihrer Machtposition in die neuen Zeiten zu retten.

20 Jahre auf der Schaukel

Die unabhängige Ukraine von 1991 bis 2013

Mit der Ukraine verließ die an Bevölkerung und Wirtschaftskraft zweitgrößte Republik die Sowjetunion. Die Bevölkerung lag damals bei 52 Millionen, heute ist sie auf 45 Millionen zurückgegangen. Das liegt wesentlich an der sozialen Katastrophe, die die Menschen in der Ukraine in den 1990er Jahren heimsuchte. Eine Hyperinflation mit zwei Währungsreformen fraß die Ersparnisse auf, Löhne wurden nur gelegentlich gezahlt und reichten in vielen Fällen nicht zum Leben. Die durchschnittliche Lebenserwartung sank in den ersten zehn Jahren der Unabhängigkeit wie in den meisten ehemaligen Sowjetrepubliken um fünf auf im Falle der Ukraine knapp über 60 Jahre[65] und ist erst seit 2000 wieder langsam gestiegen. Gegenwärtig beträgt sie für die Ukraine knapp 69 Jahre – mehr als 11 weniger als in Deutschland und immer noch sieben hinter Polen, das ebenfalls eine Systemtransformation durchmachte[66].

Auch in der Ukraine gelang es der ehemaligen Parteinomenklatura und den »Roten Direktoren«, ihre politische und wirtschaftliche Macht weitgehend zu behaupten und sie aus der Form administrativen

Zugriffs auf staatliches in kapitalistisches Privateigentum zu überführen. Die ukrainische Volkswirtschaft, die nun als Rohstoff kapitalistischer Verwertung dienen sollte, hatte allerdings schwerwiegende Strukturprobleme geerbt. Das wichtigste war die Dominanz der Schwerindustrie, die nach einer Weltbankstudie von 1990 71 Prozent des Sozialproduktes erzeugte[67]. Der hohe Energiebedarf dieser Branchen zementiert bis heute die Abhängigkeit der Ukraine von Gas- und Ölimporten aus Russland. Auch die verarbeitende Industrie war von Zulieferungen aus Russland abhängig oder lieferte selbst Vorprodukte dorthin. Die legendären Schwarzerdeböden dagegen waren ausgelaugt oder durch industrielle Schadstoffe belastet; selbst bei einer so anspruchslosen Pflanze wie der Kartoffel lagen die Hektarerträge in der Ukraine 1990 bei 12 Tonnen gegenüber 32 in Frankreich; sogar die mit geringem Kapitaleinsatz und auf schlechteren Böden wirtschaftenden polnischen Bauern erzeugten mit 19 Tonnen pro Hektar um die Hälfte mehr als ihre ukrainischen Kollegen. Zudem waren die Kolchosen traditionell Orte, an denen produktive Ressourcen in großem Umfang gestohlen wurden[68]. Die Umwelt ist nicht nur durch die Folgen von Tschernobyl schwer belastet; die Ukraine zählt zu den Ländern, in denen Leitungswasser nur abgekocht verwendet werden sollte.

Unter diesen Umständen ist es wenig erstaunlich, dass die Ad-hoc-Koalition aus auf den Erhalt ihrer Privilegien bedachten Parteifunktionären, nationalkulturell mobilisierter Intelligenz und auf ein besseres Leben hoffender Bevölkerung nicht lange über das mit 90 Prozent gewonnene Unabhängigkeits-referendum vom 1. Dezember 1991 hinausreichte. Schon Mitte der 1990er Jahre erklärten etwa 50 Prozent der Befragten bei Umfragen, sie würden nicht noch einmal für die Unabhängigkeit stimmen, wenn sie diese Möglichkeit hätten. Auf der anderen Seite heißt das natürlich, dass es die andere Hälfte schon getan hätte. Wichtig ist die ungefähre Balance beider Lager.

Auf der Regierungsebene konstituierte sich eine informelle »Partei der Macht«, die auf alten Beziehungen der Leitungskader beruhte; nur relativ wenige Vertreter der nationalistischen Intelligenz wurden auf Repräsentationsposten in die Regierung berufen. Immerhin reichte es dafür, dass Nationalisten damit begannen, die Kultur- und Medienlandschaft des Landes zu ukrainisieren. Das Vorhaben kam allerdings in den ersten zehn Jahren der Unabhängigkeit nur langsam voran. Vor allem in der Popkultur dominierte weiterhin russische Ware von der Musik bis zum Kino. Noch in den 1990er Jahren arbeiteten Regierungskommissionen daran, ein ukrainisch-sprachiges Wissenschaftsvokabular zu schaffen, das vor allem eine Aufgabe hatte: nicht russisch zu sein. Im Fernsehen mussten russische Filme ukrainisiert werden; da aber die Synchronisierung zu teuer war und nur Geld für das wesentlich billigere Untertiteln vorhanden war, blieb die russische Sprachfassung unter den Titeln erhalten und wurde von den meisten Zuschauern auch verstanden. So war – mit Ausnahme der Westukraine, wo das Ukrainische auch vorher schon Umgangs- und Öffentlichkeitssprache gewesen war, die 1990er Jahre also insofern keine Veränderung mit sich brachten – der Fortgang der Ukrainisierung gemächlich.

Die Ukraine gehörte zu den drei slawischen Sowjetrepubliken, die die Union per Ende 1991 beerdigten. Über die – westeuropäischen – Weihnachtstage versammelten sich der russische Präsident Boris Jelzin, sein ukrainischer Kollege Leonid Krawtschuk und der weißrussische Gastgeber Stanislaw Schuschkiewitsch auf einer Regierungsdatscha im Naturschutzgebiet Bjelowiescha (Białowieża) an der polnischen Grenze und beschlossen die Auflösung der Union und eine »zivilisierte Scheidung«. Die ukrainische Führung hielt auf besondere Distanz zu Russland und trat der Nachfolgeorganisation GUS nur als Beobachter bei, um ein Auge darauf zu haben, dass sie nicht zu einer Sowjetunion 2.0 wurde. 1994 willigte die Ukraine ein, die auf ihrem Territorium stationierten ehemals sowjetischen Atomwaffen zur Entsorgung abzugeben; im Gegenzug garantierten die bestehenden Atommächte USA, Großbritannien, Frankreich und Russland ihr die Unveränderlichkeit ihrer Grenzen. Zwanzig Jahre lang hatte das »Budapester Protokoll«, das diese Zusage enthielt, wenig praktische Bedeutung. Erst die Ereignisse um die Krim im Frühjahr 2014 haben es weltweit in Erinnerung gerufen. Nach kurzer Klage der Ukraine über den Bruch der Vereinbarung durch Russland (und implizit auch die fehlende Durchsetzung der Garantie durch die Westmächte) ist es heute Geschichte. Einzelne ukrainische Politiker vom rechten Flügel fordern seitdem ohne Aussicht auf Erfolg, dass sich die Ukraine wieder Atomwaffen zulegen solle. Angesichts der enormen Kosten haben solche Appelle keinerlei Chancen auf praktische Realisierung, zumal auch die USA wenig begeistert über das Entstehen einer zusätzlichen Atommacht wären und das Vorhaben daher nicht unterstützen.

Die Enttäuschung der Bevölkerung über die wirtschaftlichen Folgen der Unabhängigkeit führte dazu, dass bei den Präsidentenwahlen 1994 der frühere Direktor der Raketenfabrik »Piwdenmasch« (russisch: Juschmasch) in Dnepropetrowsk, Leonid Kutschma, gewählt wurde. Kutschma, der schon zwei Jahre lang Ministerpräsident gewesen war, galt als prorussischer Kandidat, enttäuschte aber die Hoffnungen derjenigen Wähler, die ihn in der Erwartung unterstützt hatten, er werde die Ukraine wieder an Russland annähern. Vielmehr ist Kutschma der Erfinder einer Politik des Lavierens der Ukraine zwischen Moskau, Washington und Brüssel, für die der ukrainische Politjargon das Adjektiv »multivektoriell« erfunden hat. Diese Politik sah so aus, dass jedes Jahr im Herbst, bevor die aktuellen Gaslieferverträge mit Russland unterzeichnet werden mussten, aus Kiew über die Reintegration des postsowjetischen Raumes nachgedacht und im Frühjahr, wenn die Heizsaison vorbei war, die europäische Berufung der Ukraine beschworen wurde. Was von außen wie eine leicht unernste Schaukelpolitik aussah, war in Wahrheit ein angemessenes Reagieren auf die objektive Position der Ukraine: wirtschaftlich nach wie vor eng mit Russland verflochten, auf Gas- und andere Rohstofflieferungen unterhalb des Weltmarktpreises angewiesen und im Innern geteilt zwischen etwa gleichstarken politischen Lagern der »östlichen« und der »westlichen« Option.

Die Vormächte jeder dieser beiden Optionen ließen sich auf das Spiel ein. Moskau subventionierte die Ukraine mit billigen Rohstoffpreisen und verschloss beide Augen, wenn diese billigen Rohstoffe von ukrainischen Unternehmern – darunter einer gewissen Julia Tymoschenko, die damals noch keinen Zopf hatte und im Alltag russisch sprach – zum eigenen Vorteil zu Weltmarktpreisen weiterverkauft wurden. Die USA leiteten über den Internationalen Währungsfonds einen Hilfskredit nach dem anderen in die Ukraine und sahen mehr oder minder tatenlos zu, wie dieses Geld in korrupten Kanälen in der Ukraine versickerte und die geforderten »Strukturreformen« ausblieben. Auch die EU war über die »Europäische Bank für Wiederaufbau und Entwicklung« mit von der Partie.

Es war die Phase des »Anfütterns« und gleichzeitig der Beginn jener »Demokratieförderung«, für die die USA nach Aussage ihrer Unterstaatssekretärin Victoria Nuland von 1991 bis 2013 etwa fünf Milliarden Dollar eingesetzt haben. Man lud vielversprechende Nachwuchskader wie einen Ökonomen von der Nationalbank namens Wiktor Juschtschenko zu Seminaren nach Washington ein und sorgte dafür, dass eine hübsche Beamtin des Außenministeriums mit ukrainischen Wurzeln im Flugzeug neben ihm zu sitzen kam. Wenn die DDR ihre »Romeos« auf einsame Bonner Vorzimmerdamen ansetzte, dann war dies womöglich die »Julia« der CIA, und die Operation hatte Erfolg; Juschtschenko ließ sich für sie sogar scheiden. Parallel richteten sich immer mehr »Nichtregierungsorganisationen« mit Finanzquellen in transatlantischen Stiftungen in der Ukraine ein und propagierten nichtssagende Parolen wie »Transparenz«, »Bürgernähe« und »Zivilgesellschaft«. Das Netz ist inzwischen überaus eng gesponnen; die im »Demokratieexport« tätige US-Stiftung »National Endowment for Democracy« weist in ihren Jahresberichten Hunderte von Projekten in der Ukraine aus, die mit jeweils einigen Zehntausend Dollar unterstützt werden: hier ein Lokalsender in Donezk, dort ein Unternehmerverein in Cherson, noch woanders Internetportale oder Gruppen zur »Beobachtung der Menschenrechtssituation«[69]. Das NED ist mit diesen Aktivitäten nicht allein; alle größeren westlichen Länder wirken auf diese Weise in die Ukraine hinein.

Ganz tatenlos sahen die USA freilich der Korruption in der Ukraine nicht zu; sie sammelten eifrig Belastungsmaterial und sorgten zum Beispiel dafür, dass der aus Kutschmas Dnepropetrowsker Clan kommende Ministerpräsident Pawlo Lazarenko (1996/97) wieder gehen musste: er hatte es zu toll getrieben und auch von US-Investoren »Provisionen« von 50 Prozent der Investitionssumme verlangt. Allein während seiner gut einjährigen Amtszeit vom Mai 1996 bis zum Juli 1997 soll er dreistellige Millionenbeträge in US-Dollar an Land gezogen haben[70]; »Transparency International« listete ihn 2009 als den achtkorruptesten Politiker weltweit. Als Lazarenko in der Ukraine der Boden unter den Füßen zu heiß wurde und er ins Ausland floh, wurde er zunächst in der Schweiz festgenommen – wo er sich noch gegen vier Millionen Franken Kaution freikaufen konnte –, und dann, als er mit einem abgelaufenen Diplomatenpass Panamas in die USA einreiste (ein schönes Beispiel dafür, dass die ukrainische Nomenklatura letztlich immer das blieb, was sie zu Sowjetzeiten war, eine zweitklassige Truppe), endgültig inhaftiert. Bis 2012 saß er in Kalifornien wegen verschiedener Finanzdelikte ein; seitdem zehrt er dort von den Resten seines Vermögens.

Als sich Kutschma 1999 seine Wiederwahl als Präsident nach dem Vorbild Jelzins von 1996 durch die Oligarchen seines Landes finanzieren und über »administrative Ressourcen« realisieren ließ, drückte der Westen nochmals ein Auge zu: es war das kleinere Übel gegenüber dem damals noch drohenden Sieg des kommunistischen Kandidaten Petro Symonenko. Doch das absolut unverschämte Ausmaß, zu dem die Korruption in der Ukraine herangewachsen war, schuf Anhaltspunkte für eine nicht sowjetnostalgische Unzufriedenheit im Lande, und hier setzte Washington an. Wenige Wochen nach Kutschmas Wahlsieg im Winter 1999/2000 gewährten die USA einen Zuschuss für den Start eines Nachrichtenportals namens »Ukrainskaja Pravda«[71]. Es sollte sich, zusammen mit der ebenfalls aus den USA gesponsorten, seriösen Wochenzeitung »Dzerkalo Tyzhnja/ Zerkalo Nedeli«[72], als gelungene Investition erweisen. Beide, die etwas altbacken daherkommende

Zeitung und das flippig-flotte Onlineportal, erwiesen sich als mediale Träger der einige Monate später einsetzenden Kampagne »Ukraine ohne Kutschma«. Angefacht durch den gewaltsamen Tod des Gründers der »ukrainskaja pravda«, Georgij Gongadze, im Jahre 2000, probierte sie – anfangs noch erfolglos – Aktionsformen aus, wie sie später in der »Orangen Revolution« und 2013 auf dem »Euromaidan« wieder aktiviert wurden.

Was hatten die USA gegen Kutschma? Sie hatten vermutlich nichts gegen ihn, es ging ihnen um die Ukraine. Der einflussreiche polnischstämmige US-Politikberater Zbigniew Brzezinski predigte seit dem Fall der Sowjetunion, dass sich die USA die Kontrolle über die Ukraine sichern oder zumindest verhindern müssten, dass Moskau sie zurückgewinne. Ohne die Ukraine könne Russland nie wieder zum Imperium werden, erklärte der Mann, der sein Leben lang von der Obsession getrieben wird, Russland eindämmen und zurückdrängen zu müssen, und der dafür auch das taktische Bündnis der USA mit den afghanischen Mudschahedin und Vorläufern der Taliban angezettelt hat. Brzezinski verhalf damit Thesen der antikommunistischen polnischen Emigration um das Exilmagazin »Kultura« von Jerzy Giedroyc zu politischer Durchschlagkraft.

Kutschma selbst wurde noch in Ruhe gelassen und konnte seine zweite Amtszeit planmäßig zu Ende bringen – zumal die von den prowestlichen Medien gegen ihn erhobenen Vorwürfe nie bewiesen werden konnten. Erst bei seiner Nachfolge setzte der Westen an. Kutschma hatte die Präsidentschaftskandidatur seines Ministerpräsidenten Wiktor Janukowytsch unterstützt, und dieser setzte dafür dieselben Methoden ein, die fünf Jahre zuvor bei Kutschma zum Erfolg geführt hatten: das Einspannen des Beamtenapparats für Wahlkampfzwecke, massiver Druck auf dienstlich abhängige Wählergruppen wie Studenten, Soldaten oder Beamte, für den »richtigen Kandidaten« zu stimmen, Carepakete für Rentner und andere Bedürftige. Gegen Janukowytsch kandidierte der bereits erwähnte Wiktor Juschtschenko als Bewerber einer Koalition von Liberalen und Nationalisten.

Janukowytsch gewann den ersten Wahlgang mit relativer und den zweiten mit absoluter Mehrheit. Diesmal aber erkannte der Westen seinen Sieg nicht an und warf Janukowytsch und dem System Kutschma Wahlfälschung vor. Die Kampagne stand in einem symbiotischen Verhältnis zu der innerukrainischen, von Intellektuellen, kleinen Geschäftsleuten und Nationalisten befeuerten Protestbewegung der »Orangen Revolution«. Ob diese von Anfang an das Produkt westlicher Geheimdienstaktivitäten war, wie es in Russland behauptet wurde, kann dahingestellt bleiben. Selbst wenn es nicht so gewesen sein sollte, hat der Westen schnell verstanden, die Dynamik der Protestbewegung auszunutzen und ihre Parolen zu übernehmen. Auch das erfüllt den Tatbestand der Einmischung.

Worin bestand der Unterschied zwischen 1999, als der Westen den Wahlfälschungen Kutschmas zugesehen hatte, und dem Winter 2004/05? Sicher nicht darin, dass George W. Bush ein empfindlicheres Gewissen für Wahlfälschung gehabt hätte als sein Vorgänger Jimmy Carter. Mit der Erfahrung der Teilwahl im Bundesstaat Florida, die durch den entsprechenden Zuschnitt der Wahlkreise, eine restriktive Politik bei der Eintragung von Afroamerikanern in die Wählerlisten, und andere Leistungen seines dort als Gouverneur amtierenden Bruders zu seinen Gunsten entschieden worden war, hätte man eigentlich bei dem 2000 gewählten amerikanischen Präsidenten sogar ein gewisses kollegiales Verständnis für die Nutzung »administrativer Ressourcen« erwarten können. Nein, der Unterschied bestand darin, dass Kommunistenchef Petro Symonenko zwar wieder kandidierte, aber diesmal keine ernsthaften Siegeschancen mehr hatte. Denn Kutschma hatte in seiner zweiten Amtszeit die KPU in sein Machtsystem eingebunden und sie mit Posten versorgt, so dass sie inzwischen als Teil des Problems erschien. Der in seinen ersten Jahren ungern und fehlerhaft ukrainisch sprechende Janukowytsch trug zu dieser Integrationsleistung bei, indem er den Bedürfnissen des sowjetnostalgischen Teils der Bevölkerung entgegenkam, die Stellung der russischen Sprache wieder stärkte und eine Stabilisierung der Lebensverhältnisse auf niedrigem Niveau herbeiführte. Er tat dies im Interesse seiner wirtschaftlichen Hintermänner in der ukrainischen Oligarchie, vor allem der des Donbass. Denn entgegen der im Westen geläufigen Meinung war Janukowytsch genausowenig »prorussisch« wie Kutschma. Er vertrat die pragmatischen Interessen des mit Russland Handel treibenden Teils des ukrainischen Kapitals, das zwar an einem offenen Markt für seine Produkte interessiert – und an den ethnisch-kulturellen Implikationen der ukrainischen Unabhängigkeit herzlich desinteressiert – war, aber durchaus nicht an einem Anschluss. Denn der hätte dazu geführt, dass die Filetstücke der ukrainischen Ökonomie von den wesentlich kapitalstärkeren russischen Oligarchen aufgekauft worden wären. Das Beispiel der gleichzeitigen Entwicklung in Weißrussland diente als Warnung.

Außerdem hatte Janukowytsch, der für das traditionelle ukrainische Politikmodell stand, diesmal einen ausdrücklich prowestlich positionierten Gegenkandidaten. Juschtschenko, der schließlich einen von den Demonstranten erzwungenen dritten Wahlgang gewann, versuchte schon damals, dieselben Ziele zu realisieren, mit denen 2014 die Regierung Poroschenko/Jazenjuk antrat: Beitritt zu EU und NATO, Rehabilitierung des ukrainischen Nationalismus einschließlich seiner faschistischen Träger, Zurückdrängen des russischen Einflusses in Kultur und Wirtschaft.

Die »orange« Koalition aus Juschtschenko und der Lazarenko-Ziehtochter Julia Tymoschenko zerlegte sich allerdings, kaum an die Macht gekommen, selbst. Persönliche Rivalitäten zwischen Juschtschenko und Tymoschenko, Korruptions- und Selbstbedienungsaffären der neuen Regierungsmannschaft sorgten dafür, dass sich der Nimbus des Neuanfangs, mit dem Juschtschenko und Konsorten gestartet waren, rasch verflüchtigte. Juschtschenko verstand, dass er gegen die von Janukowytsch repräsentierte Kapitalfraktion des »Donezker Clans« ebenso wenig anregieren konnte, wie er einen Frontalangriff auf die kulturellen Eigenheiten der Bevölkerung in der Ostukraine politisch durchgestanden hätte. Er ging daher diverse Kompromisse mit Janukowytsch ein, berief ihn sogar 2006 – nach nur einem Jahr der »orangen« Regierung – zum Ministerpräsidenten. Das sorgte auch damals schon für Unzufriedenheit im eigenen Lager, und beides – die Erosion der eigenen Basis und Unzufriedenheit der Wähler mit der wirtschaftlichen Lage – trugen dazu bei, dass Juschtschenko die Präsidentenwahl von 2010 ganz demokratisch an Janukowytsch verlor. Selbst der Westen musste anerkennen, dass diese Wahl demokratisch gewesen war – auch wenn sie den Falschen an die Macht gebracht hatte.

Schon mit der neuerlichen Berufung Janukowytschs an die Spitze der Regierung ausgerechnet durch Juschtschenko muss den entscheidenden Personen und Gremien in Brüssel und Washington klar geworden sein, dass auf parlamentarischem Wege die Ukraine nicht verlässlich auf dem gewünschten Weg einer Abkehr von Russland und Integration mit dem Westen gehalten werden konnte, dass vielmehr jederzeit eine »prorussische« Reaktion drohte. Jedenfalls schlugen auf EU-Ebene die solide antirussischen Regierungen Polens und Schwedens 2008 eine so genannte »Östliche Nachbarschaftspolitik« vor. Noch bevor die EU das Programm im Dezember 2008 offiziell beschlossen hatte, begannen die Verhandlungen mit der Ukraine über ein Assoziierungsabkommen.

Woher die Eile? Im August 2008 hatte Russland dem proamerikanischen Präsidenten Georgiens, Michael Saakaschwili, in einem kurzen Krieg demonstriert, dass es nicht bereit war, eine Westdrift in seinem »nahen Ausland« zuzulassen, und in der Lage, sie wenigstens kurzfristig zu verhindern. Seitdem hat Georgien die Kontrolle über zwei kleine und an und für sich unbedeutende Landstriche verloren – Abchasien und Südossetien, die seitdem im Schatten der Weltpolitik und von niemandem außer Moskau anerkannt Staat spielen. Der Krieg führte damals zu heftiger, aber kurzer diplomatischer Empörung in Westeuropa und den USA; da aber Saakaschwilis Armee zuerst das Feuer eröffnet hatte und die USA im Irak und in Afghanistan schon zwei Kriege führten, blieb es bei Worten der Kritik an Moskau. Die eigentliche Botschaft des kurzen Krieges mit Georgien aber ging an andere Staaten der russischen Peripherie wie vor allem die Ukraine: verlasst euch nicht auf westliche Zusagen, sie werden sowieso nicht eingehalten. Offenbar mit Blick auf diesen nachteiligen propagandistischen Effekt begann die EU nur wenige Wochen später im September 2008 die Assoziierungsgespräche mit der Ukraine. Moldova, Georgien, Armenien und Aserbaidschan folgten später.

Die Assoziierungsverhandlungen waren im Grunde keine Verhandlungen. Brüssel stellte den Kandidaten Bedingungen, unter anderem die weitgehende Übernahme des EU-Rechtssystems (acquis communautaire). Es winkte mit Freihandelsabkommen und visafreiem Reiseverkehr, verlangte aber von den

Kandidatenländern gleichzeitig, ihre bestehenden Freihandelsabkommen mit Russland aufzugeben. Im Fall der Ukraine stellte das den 2010 doch noch ins Präsidentenamt gekommenen Janukowytsch vor eine Wahl zwischen Pest und Cholera. Denn sein Land handelte in ähnlichem Umfang mit der EU und mit Russland; jede Entscheidung für eine Seite würde die andere brüskieren und im Übrigen wirtschaftliche Einbußen und den Verlust von Arbeitsplätzen nach sich ziehen. Janukowytsch versuchte die Verhandlungen in die Länge zu ziehen, wobei ihm die unnachgiebige Position einiger EU-Staaten, darunter besonders Deutschlands, ungewollt in die Hände spielte. Denn obwohl das Assoziierungsabkommen mit Kiew im Grunde schon 2011 fertig ausgehandelt war, verlangte die EU überdies den Abbruch des Strafverfahrens gegen die ehemalige Ministerpräsidentin Julia Tymoschenko, der Amtsmissbrauch, der Abschluss von für die Ukraine unvorteilhaften Gasverträgen mit Russland, Steuerhinterziehung und vieles andere vorgeworfen wurden. Die einstige Ikone der »Orangen Revolution« hatte es verstanden, sich der christdemokratischen »Europäischen Volkspartei« als ukrainische Partnerin anzudienen. So wurde auf EU-Seite der politische Aspekt der Prozesse, mit denen Janukowytsch sie überzog, gegenüber dem von allen Insidern bestätigten Umstand, dass Tymoschenko bei weitem kein blonder Engel war, völlig in den Vordergrund gestellt. Janukowytsch aber, der sich der Volatilität der ukrainischen Politszene bewusst war, wollte an diesem Punkt nicht nachgeben, weil er sonst seine eigene politische Zukunft in Frage gestellt hätte. So zog sich der Streit hin. Spitzenpolitiker seiner Administration machten mehrfach deutlich, dass die Ukraine das Assoziierungsabkommen unterzeichnen werde, wenn die EU in Sachen Tymoschenko und bei ihrer Forderung nachgebe, sich zwischen Brüssel und Moskau zu entscheiden. Aber die EU blieb hart – obwohl sie wusste, was für die Ukraine auf dem Spiel stand und obwohl längst nicht alle Mitgliedsstaaten die Anbindung des Landes an die EU für vorrangig hielten. Frankreich zum Beispiel hatte in den internen Abstimmungen der EU sein Veto dagegen eingelegt, der Ukraine eine Beitrittsperspektive zuzusichern – in der sicheren Einschätzung, dass dies die Attraktivität der EU-Assoziierung vielleicht um die entscheidenden Prozentpunkte schwächen würde. Denn in Sachen Vorfeldpflege hatte Paris mit Angela Merkel noch eine Rechnung offen, nachdem die 2008 Nicolas Sarkozy sein Vorhaben einer exklusiv um Paris zentrierten »Mittelmeerpartnerschaft« mit seinen ehemaligen Kolonien im Maghreb versenkt hatte.

Vor dem Hintergrund dieser Streitigkeiten auch innerhalb des Westens bekommt die Eskalation der innerukrainischen Auseinandersetzung, die mit dem Euromaidan ins Werk gesetzt und von führenden EU- und US-Politikern wenigstens faktisch abgesegnet wurde, eine gewisse Logik. Auch wenn man sich hüten muss, nur vom Ende her zu denken und den Faktor zufälliger Entwicklungen aus der Analyse auszuschließen, erscheint die Duldung der Radikalisierung des Maidan bis hin zur Aufstellung paramilitärischer Einheiten seitens der USA und der EU als folgerichtig. Es könnte z.B. darum gegangen sein, den während der »Orangen Revolution« gemachten Fehler, nämlich zuzulassen, dass die politischen Lager in der Ukraine miteinander dialogfähig blieben und das Land seine Schaukelpolitik als »swing state« fortsetzen würde, nicht nochmals zu begehen. Im Ergebnis des Euromaidans ist in der ukrainischen Innenpolitik eine Polarisierung auf Leben und Tod zwischen den Anhängern der beiden politischen Hauptoptionen in der Ukraine eingetreten. Wobei man konstatieren kann, dass die eine derzeit weitgehend aus dem politischen Feld eliminiert ist. Die andere liegt ganz auf der Linie einer Politik, die die Ukraine aus dem Einflussbereich Russlands herausbrechen will – »wenn nicht mit Waschen, dann mit Walken«, wie ein russisches Sprichwort sagt.

»Regime Change«
in Aktion

Der Euromaidan 2013/14

Die offizielle Legende vom Beginn des Euromaidan geht so: Mustafa Najem, ein 32-jähriger ukrainischer Online-Journalist und Mitarbeiter des prowestlichen Kiewer Nachrichtenportals »ukrainskaja pravda«, hat am 21. November, enttäuscht von der Absage des Präsidenten Janukowytsch an die EU-Assoziierung, auf seiner Facebook-Seite gepostet: »Ich gehe auf den Maidan. Wer kommt mit?« Und alle, alle seien gekommen.

Wie es der Zufall wollte, ging der Internet-Fernsehsender »Hromadske TB« (»Bürgerfernsehen«), den Najem mit einigen Kollegen gegründet hatte, einen Tag später auf Sendung und bestritt sein Programm zunächst mit wenig mehr als Live-Übertragungen von den Kundgebungen auf dem Unabhängigkeitsplatz. Der Geschäftsbericht des Senders für 2013 weist als Finanziers aus: Die Stiftung des US-Milliardärs Georges Soros sowie die Botschaften der Niederlande und der USA in Kiew, dazu nicht genannte Privatleute[73]. Initiator des Projekts waren ein Journalist aus dem westukrainischen Lwiw und ein Veteran der nationalistischen Studentenbewegung der späten 1980er Jahre, Markijan Iwaschtschischin[74]. Ursprünglich hatte »Hromadske TB« schon zwei Monate früher mit dem Sendebetrieb beginnen sollen[75]; die Gründe für die Verzögerung sind nicht öffentlich bekannt. Auch das Internetportal, das über die Vorbereitungen berichtete, kommt aus einer bestimmten Ecke: das Impressum nennt die US-»Entwicklungs«-Organisation USAID als Hauptsponsor[76]. Man kann auch sagen: die mediale Begleitung der Proteste von Anfang an kam aus einer Hand.

Gewiss, ein Onlinesender macht noch keine Revolution. Eine Live-Übertragung ohne Publikum dauert nicht lange, doch diese Gefahr bestand nicht. Wer an Wunder in der Politik glaubt, dem stand und steht es naturgemäß frei, sich die Pro-EU-Demonstrationen in Kiew und bald auch in anderen Städten vor allem der Westukraine als spontanes Aufbegehren einer europabegeisterten Mittelschicht zu erklären. Da standen sie, die Studentinnen und Jungakademiker, die Kleinunternehmer und Hochschullehrer, das ganze Pantheon der Zivilgesellschaft, und schwenkten zwei Sorten blau-gelber Fahnen: die ukrainische Nationalfahne in Himmelblau und Sonnenblumengelb und – etwas dunkler getönt – das EU-Banner mit den goldenen Sternen. »Die Ukraine gehört zu Europa« war anfangs die zentrale Parole. Die geographische Banalität lebte von ihrer Negation – der Aussage, was die Ukraine NICHT sei: ein »Kleinrussland«, Teil einer »russischen Welt«, westlicher Rand Eurasiens, jedenfalls Teil einer russischen Einflusssphäre. »Wer nicht springt, ist ein Moskowiter«, skandierten die Demonstranten, als sie sich durch Hopsen auf der Stelle zu wärmen suchten: die Dialektik von Gleichschaltung und Ausgrenzung als popkulturelle Übung im nasskalten Kiewer Frühwinter. Jeder Hopser ein Bekenntnis: so billig kann nationale Gemeinschaft zu haben sein.

Wie kam es, dass Leute, die sich ansonsten auf ihre Bildung und ihre akademischen Titel einiges zugute hielten, sich auf derart primitivem Niveau äußerten? Es gibt zwei Ebenen der Erklärung. Erstens herrscht in der Ukraine – wie ähnlich im ganzen postsowjetischen Raum – ein extrem schöngefärbtes und illusionäres Bild von EU-Europa, das übrigens durch die nach wie vor relativ schwierigen Reisemöglichkeiten nach EU-Europa für ukrainische Staatsangehörige eher gefördert als abgebaut wird.

EU-Europa gilt als Ort des »normalen Lebens«; die Leerformel hat im Wesentlichen zwei Dimensionen: dass man dort mit anständiger Arbeit anständiges Geld verdienen könne, und dass westlich von Lwiw eine funktionierende bürgerliche Rechtsordnung anstelle des in den 23 Jahren der ukrainischen Unabhängigkeit eingerissenen Systems extremer Korruption und Vetternwirtschaft herrsche. Beide Aspekte gewannen – und gewinnen – ihre Bedeutung daraus, dass sie zumindest vor dem Hintergrund der ukrainischen Lebenswirklichkeit auf Erfahrungstatsachen beruhen. In der Ukraine liegt das Durchschnittseinkommen ungefähr um den Faktor 10 unter dem deutschen und immer noch um das Dreifache unter dem polnischen Lohnniveau; die Preise liegen nicht wesentlich unter den deutschen, bei Importwaren oft auch höher. Verweise auf den deutschen Niedriglohnsektor verfangen in dieser Situation nicht wirklich; viele wären froh, wenn sie für ihre Arbeit in der Ukraine den Gegenwert des Hartz-IV-Satzes bekommen würden. Millionen von Männern und Frauen gerade aus der strukturschwachen Westukraine verdienen sich ihren Lebensunterhalt zu Stundenlöhnen um die zwei Euro als Bauarbeiter und Erntehelfer in Polen, als Kinderfrauen des Warschauer Bürgertums, als Altenpflegerinnen in Italien, Österreich oder Tschechien. Auch wenn sie dort am unteren Rand des örtlichen Lohnniveaus verdienen – jede Überweisung, die sie nach Hause schicken, verstärkt bei den Zurückgebliebenen genau jenes idealisierte dichotomische Europabild: hier kann man nicht leben, dort schon. Und wenn man erst »dazugehört«, dann – so die Fortführung des Räsonnements – müssten ja Vater und Mutter, Bruder und Schulkameradin nicht mehr migrieren, dann wäre es ja in der Ukraine »wie in Europa«. Die EU-Begeisterten sind im Übrigen nicht die einzigen Ukrainer, die die Lebenschancen im eigenen Land mit denen anderswo vergleichen und zu negativen Ergebnissen kommen. Es gibt parallel zu der westukrainischen »Europa«-Begeisterung in der Ostukraine, von wo etwa zwei Millionen Menschen zur Arbeit nach Moskau oder St. Petersburg migrieren, ähnliche Vorstellungen von Russland; auch aus dieser Erfahrung speiste sich der in der Ostukraine zumindest vor dem aktuellen Konflikt starke Wunsch, die Beziehungen zum östlichen Nachbarn nicht zu gefährden. Von diesen Migranten ist in der öffentlichen Diskussion weniger die Rede.

Das hat mit der zweiten Dimension der EU-Begeisterung zu tun. Denn der Aufstand der Europafreunde verlief von Anfang an unter ausgesprochen nationalistischen Vorzeichen. Nicht nur, dass der Maidan-Begleitsender Hromadske-TB in seiner Satzung stehen hat, dass Sendesprache Ukrainisch ist[77]. Dieser Schluss ergibt sich auch aus dem Umstand, dass die Demonstranten – entgegen der verheerenden Diagnose, die sie in ihrer EU-Begeisterung dem Land stellen, in dem sie leben – von Anfang an die Fahne genau dieses kritisierten Landes schwenkten und nichts Dringenderes zu tun hatten, als im »Moskal« (Moskowiter) einen inneren Feind zu definieren, der weit über das regierende System von Präsident Wiktor Janukowytsch hinausging. Janukowytsch-Anhänger als Moskowiter und damit als unukrainisch zu kennzeichnen, ist eine argumentfreie Beschimpfung und eben keine Agitation, warum es falsch gewesen sei, Janukowytsch zu unterstützen – wofür es durchaus Argumente gegeben hätte.

Dafür, dass der Euromaidan keine spontane Erfindung zusammengeströmter Zivilgesellschaftler war, spricht im übrigen schon der Augenschein: die olivgrünen Steilwandzelte, die auf dem Unabhängkeitsplatz und seiner Umgebung aufgestellt wurden, um den Aktivisten ein Nachtquartier zu bieten, waren nicht von der Sorte, die der Campingfreund im Keller liegen hat. Ebensowenig gehören Stromgeneratoren und die mobilen Bolleröfen, wie man sie aus Deutschland von Stahlarbeiterstreiks kennt, zur Ausstattung des ukrainischen Privathaushalts.

Die Aktion war also offenbar nicht nur von der Seite der medialen Begleitung sorgfältig vorbereitet. Der Autor traf im Mai 2014 auf dem Maidan einen US-Bürger ukrainischer Herkunft, der ganz unbefangen erzählte, er sei schon zwei Jahre im Lande, um den Widerstand gegen Janukowytsch zu organisieren. Drei Kampagnen seien fehlgeschlagen, so der Mann um die 60, der nach eigenen Angaben früher sowjetischer Offizier war; jetzt die vierte scheine zu klappen. Ein Schelm, wer dabei nicht an jene fünf Milliarden Dollar denkt, die die USA nach Aussage ihrer Vizeaußenministerin Victoria Nuland seit 1991 für die »Förderung der Demokratie« in der Ukraine ausgegeben haben.

Die Geschichte des Maidan als Aktionsform ist dabei um einiges älter als die »Orange Revolution« von 2004/2005, bei der sie das letzte Mal zum Einsatz kam. Die Technik, Teile des Stadtzentrums zu besetzen, um Konzessionen der Gegenseite zu erreichen, geht auf eine Aktion nationalistischer ukrainischer Studenten im Herbst 1990, im vorletzten Jahr der Sowjetunion, zurück. Sie kampierten auf dem Unabhängigkeitsplatz, der damals noch »Platz der Oktoberrevolution« hieß, und demonstrierten mit einem Hungerstreik unter anderem gegen die Unterzeichnung eines neuen Unionsvertrages durch die ukrainische Sowjetrepublik und dafür, ukrainische Wehrpflichtige nur noch in der Ukraine dienen zu lassen. Unter den Teilnehmern jener »Revolution auf dem Granit« finden sich die Namen etlicher Maidan-Führer von heute, zum Beispiel von Oleh Tjahnibok, heute Chef der faschistischen

Swoboda-Partei, Oleh Ljaschko, Abgeordneter einer »Radikalen Partei«, der sich heute durch ins Internet gestellte Handgreiflichkeiten gegen politische Gegner einen Namen macht – so brillierte er im Juli 2014, kurz bevor diese Zeilen geschrieben wurden, mit dem Verhör eines 62-jährigen Schulhausmeisters aus dem eben von Kiewer Truppen zurückeroberten Slawjansk, den er als »Abschaum« beschimpfte, ihm einen Sack über den Kopf zog und androhte, er werde nie wieder aus dem Gefängnis herauskommen –, oder Andryj Parubij, seit dem Februar 2014 Sekretär des ukrainischen Sicherheitsrates und zwischendurch jahrelang leitender Funktionär der faschistischen Kaderorganisation »Sozial-Nationale Partei der Ukraine«. Auch schon jene »Revolution auf dem Granit« war durch Unduldsamkeit gegen Andersdenkende gekennzeichnet. In die Zeit der Aktion fiel der Jahrestag der Befreiung von Kiew im Herbst 1943, und die Aktivisten waren – Hungerstreik hin oder her – immer noch so gut bei Kräften, dass sie einen Zug von Veteranen zum Lenindenkmal, das damals noch auf dem Platz stand, blockierten. Erst nach langen Verhandlungen gestatteten sie genau drei alten Frauen, ein paar Blumen vor dem Denkmal niederzulegen. Man merkt an diesem Kontext, in dem sich die damalige Parteiführung der Sowjetukraine nicht mehr traute, eine Demonstration ihrer eigenen Unterstützer durchzusetzen, dass die Demonstrationstechnik Maidan nur gegenüber einer verunsicherten und unentschlossenen Staatsmacht funktioniert, der gegenüber sich die Demonstranten, ohne hierzu durch anderes legitimiert zu sein als ihren eigenen Willen, als örtliche Gegenmacht konstituieren. Es geht beim Maidan nicht darum, bestimmte Forderungen zu äußern und dazu eben einen Ort auf Erden zu brauchen – es geht darum, auf einem bestimmten kontrollierten Territorium keine abweichenden politischen Äußerungen zuzulassen. Das Herunterprügeln von Gewerkschaftern, Feministinnen und Linken vom Euromaidan des Winters 2013/2014 steht durchaus in dieser Tradition und ist insofern kein Ausrutscher, sondern passt ins Bild. Der Maidan ist damit als Kundgebungstechnik alles andere als eine »friedliche Demonstration«. Oder sagen wir: Er ist so friedlich wie die »national befreiten Zonen« deutscher Nazis in ostdeutschen Kleinstädten – friedlich-friedhofsruhig und gemeinschaftsorientiert, solange niemand opponiert, aber gewaltbereit, sobald sich Abweichung regt.

Schon in diese erste, zivilgesellschaftlich-idealistische Phase des Maidan fiel am 26. November 2013 die Gründung des »Rechten Sektors« als Zusammenschluss mehrerer kleinerer Gruppen mit Namen wie »Stepan-Bandera-Dreizack«, »Weißer Hammer« oder »Patriot der Ukraine«. Die Truppe nahm sofort ihre Tätigkeit auf und begann, auf dem Maidan paramilitärische Schulungen für jedermann anzubieten. Lehrpersonal war vorhanden, denn »Patriot der Ukraine« hatte unter dem Etikett eines Vereins für die Verbindung von Armee und Bevölkerung schon seit Jahren Rückhalt in Teilen der Streitkräfte und Möglichkeiten zur militärischen Ausbildung auf Militärgeländen erhalten. Die paramilitärischen Schulungen wiederum fanden reiche Nachfrage, denn in der Nacht vom 30. November auf den 1. Dezember

2013 versuchte die Anti-Aufstandspolizei »Berkut«, das Lager der Euro-Enthusiasten zu räumen – angeblich, um die Aufstellung des öffentlichen Weihnachtsbaums auf dem Unabhängigkeitsplatz durchzusetzen. Der Einsatz war nicht erfolgreich, weil er auf halbem Wege abgebrochen wurde: zwar wurden einige Hundert der »zivilgesellschaftlichen« Demonstranten von der Polizei verprügelt und etwa 30 festgenommen, aber das Lager wurde nicht aufgelöst. Im Nachhinein ist in der Ukraine viel darüber diskutiert worden, wer den Befehl zu diesem verunglückten Polizeieinsatz gegeben hat, der sein operatives Ziel verfehlte, aber dafür in geradezu idealer Weise den Janukowytsch-Kritikern eine politische Steilvorlage lieferte. Sie hatten jetzt Bilder von prügelnden Polizisten und im Frost durchnässten Demonstranten, und die Bewegung radikalisierte sich.

Anfang Dezember begann nach dem kurzen zivilgesellschaftlichen »Frühling«, während dessen die Demonstranten noch Distanz zu der einige Hundert Meter weiter protestierenden parlamentarischen Opposition gehalten hatten, die zweite Phase des Maidan: die Übernahme des zivilgesellschaftlichen Protests durch die neoliberalen bis rechten Oppositionsparteien »Vaterland« (die Partei der damals noch inhaftierten Julia Tymoschenko), »UDAR« (die Partei des aus Berlin zum Oppositionsführer aufgebauten und nicht unwesentlich mit Geldern der Adenauer-Stiftung aufgebauten Ex-Boxers Witalij Klitschko) und »Swoboda« des schon erwähnten Oleh Tjahnibok (eine mit modernisiertem Erscheinungsbild auftretende Folgepartei der historischen

Nationalisten von der UNA-UNSO). Diese drei Parteien hatten sich nie damit abgefunden, dass 2012 die Janukowytsch unterstützende Partei der Regionen (PR) völlig legal die Parlamentswahlen gewonnen hatte und nun mit Hilfe der Kommunisten und dazu gekaufter »Unabhängiger« eine komfortable Mehrheit besaß. Bei aller Konkurrenz untereinander einte sie das Ziel, auf die Chance zum Machtwechsel nicht bis zum Ablauf der Legislaturperiode zu warten.

Mit der Übernahme durch die parlamentarische Opposition veränderte sich der Maidan in drei Richtungen: er wurde erstens deutlich größer, weil jede dieser drei Parteien nun eigene Zeltstädtchen errichtete und sie mit eigenem Personal bemannte. Die Zelte zogen sich bald über einen halben Kilometer auf der Prachtstraße Kreschtschatik hin und bedeckten auch den gesamten, mehrere Hektar großen Unabhängigkeitsplatz. Feldküchen und Kleiderausgabestationen tauchten auf, es entstand eine professionelle Bühne mit Ton- und Videotechnik – der übrigens von der Staatsmacht niemals auch nur der Strom abgedreht wurde –, es wurde ein eigenes W-LAN installiert. Gleichzeitig wurden – weil der Winter begann und ein Ende der Auseinandersetzung nicht absehbar war – öffentliche Gebäude in der Nähe des Unabhängigkeitsplatzes besetzt: das Kiewer Rathaus – hier machte sich die Swoboda mit ihren Nebenorganisationen breit – und das Gewerkschaftshaus – hier bezog unter anderem der »Rechte Sektor« die fünfte Etage. Zweitens: der Maidan wurde international, indem ausländische Politiker vom polnischen Ex-Präsidenten Lech Walesa über den damaligen Bundesaußenminister Guido Westerwelle bis hin zum US-Vizepräsidenten Joe Biden und dem republikanischen Senator John McCain die Demonstranten aufsuchten, sich mit ihnen filmen ließen und so im innerukrainischen Machtkampf Partei ergriffen. Oder präziser: Diese internationalen Gäste trugen dazu bei, den Maidan von der Auseinandersetzung über eine politische Einzelfrage erst zu einem generellen Machtkampf aufzuwerten – mit dem Ziel, die Schlappe, die die Westintegration der Ukraine durch Janukowytschs Entscheidung vom November erlitten hatte, rückgängig zu machen. Man wollte in Brüssel, Berlin und Washington die Frage der EU-Assoziierung gerade keine innere Angelegenheit der Ukraine mehr sein lassen. Und drittens: der Maidan professionalisierte sich. Die Aktivisten, die auf Dauer in den Zelten ausharrten, waren entweder regionale Anhänger der Oppositionsparteien, die im Wochenrhythmus Demodienst in Kiew machten, oder auch einfach nur für Tageshonorare plus Kost und Logis angeheuerte Arbeitslose. Das politische Artikulationsniveau dieser Leute war niedrig; es reichte den Organisatoren offensichtlich, dass sie Fußvolk waren und die Fernsehbilder füllten. Noch im Februar 2014, als der Autor den Maidan besuchte, waren die Maidan-Aktivisten ausgesprochen maulfaul, wenn sie nach den Zielen ihres Engagements gefragt wurden. Mehr als »es soll anders werden« war nicht aus den Leuten herauszuholen. Die Vertreter der Zivilgesellschaft hingegen erinnerten sich daran, dass sie Jobs und Familie hatten, und erschienen fortan eher am Feierabend und an den Wochenenden zu den so genannten »Nationalen Volksversammlungen«. Diese Kundgebungen erzielten im Dezember durchaus beeindruckende Teilnehmerzahlen – bis zu 500 000 –, die aber um den Jahreswechsel herum abnahmen. Das mag auch damit zu tun haben, dass die Zeit zwischen Neujahr und dem so genannten »Alten Neuen Jahr« (nach dem Julianischen Kirchenkalender gerechnet und am 15. Januar gefeiert) in den orthodoxen Ländern der einstigen UdSSR als Zeit kollektiven Winterschlafs genutzt wird, während der das öffentliche und wirtschaftliche Leben auf ein Minimum reduziert ist. Entscheidender aber dürfte sein, dass die Staatsmacht in dieser Phase offenbar versuchte, die Proteste auszusitzen. Sie hatte für die Annahme, dass dies gelingen könnte, auch insofern solide Grundlagen, als alle Appelle der Oppositionspolitiker zum Generalstreik gegen Janukowytsch völlig wirkungslos blieben. Die Industriegebiete der Ost- und Südukraine scherten sich nicht um den Maidan, nur in den westukrainischen Bezirken Lwiw, Ternopil und Iwano-Frankiwsk schickten mit den Protesten sympathisierende Gouverneure die Beamten in unbezahlten Zwangsurlaub und erklärten dies zum Generalstreik. Auf Seiten der Opposition traten die Parteiführer Arsenij Jazenjuk (Stellvertreter Tymoschenkos), Witalij Klitschko und Oleh Tjahnibok allabendlich auf der Bühne auf und überboten sich mit Aufforderungen an die Regierung, zurückzutreten. Zur Unterhaltung und Erbauung trugen Auftritte patriotischer Kulturschaffender und kollektive Gebete bei. Der ständigen Eskalation der Rhetorik aufseiten der Opposition entsprachen aber keinerlei Zugeständnisse Janukowytschs und seiner Umgebung bis auf ein paar kosmetische Kabinettsumbildungen. Janukowytsch, der die EU-Assoziierung im November aus nachvollziehbaren industriepolitischen Motiven auf Eis gelegt hatte, hatte im Dezember in Moskau mit Wladimir Putin ein Kreditpaket im Umfang von 15 Milliarden Dollar und günstige Gaspreise ausgehandelt. Es sah alles in allem so aus, als würde diese Krise ausgehen wie frühere auch: ein bisschen Geschrei und dann wieder business as usual bis zum turnusmäßigen Wahltermin im Frühjahr 2015. Selbst die Kreditsumme lag in einer Höhe, die sich in groben Zügen aus dem laufenden Zuschussbedarf der Ukraine für die Gasrechnung multipliziert mit der Zahl der verbleibenden Amtsmonate Janukowytschs ergab.

In dieser Phase der Stagnation des Maidan muss irgendjemand in dessen Führung beschlossen haben, der Bewegung durch eine Eskalation neuen Schwung zu geben. Jedenfalls passierte am 19. Januar etwas Neuartiges: aus einer langweilig-routinemäßigen Kundgebung auf dem Unabhängigkeitsplatz lösten sich einige Tausend Anhänger des »Rechten Sektors« und zogen einige Hundert Meter weiter zum Europaplatz. Von dort führt die nach dem schon erwähnten Begründer der ukrainischen nationalen Historiographie, Michailo Hruschewskyj, benannte Straße steil einen Hügel hinauf ins Regierungsviertel. Dieses Regierungsviertel versuchten die Rechten nun zu stürmen und gerieten absehbar mit der Polizei aneinander.

Die Auseinandersetzungen wurden mit großer Brutalität geführt, auch von Seiten der militanten Demonstranten. Es gab die ersten Toten, die Zahl der Verletzten ging rasch in die Hunderte. Manche wurden von Geheimdienstlern nachts aus den Krankenhäusern geholt und verschwanden. So organisierte der Maidan sein eigenes Rettungswesen – freiwillige Ärzte stellten ihr Wissen zur Verfügung. Die Demonstranten errichteten Barrikaden, in die sie, wie im Sommer 2014 bei Gelegenheit ihrer Beseitigung erkannt wurde, sogar Sprengfallen einbauten – eine Räumung wäre ein Blutbad für beide Seiten geworden. Wieder gab die Haltung der Polizei Rätsel auf: Sie hielt sich meist zurück und beschränkte sich auf Straßensperren, reagierte nur, wenn sie vom »Rechten Sektor« und der inzwischen auf mehrere Tausend Leute angewachsenen »Maidan-Selbstverteidigung« angegriffen wurde. Es wurde nicht einmal versucht, den ganz offen organisierten Nachschub für die Barrikadenkämpfer zu unterbinden, obwohl das bei dem im Januar und Februar herrschenden Dauerfrost nur eines Wasserwerfereinsatzes bedurft hätte, der die Zufahrtsstraßen in für kein Auto mehr passierbare Eisbahnen verwandelt hätte. Warum sich die Polizei so passiv verhielt und die Dinge laufen ließ, ist bis heute nicht geklärt. Latente Differenzen im Lager Janukowytschs sind die plausibelste Erklärung. Für große Empörung im Lager der Opposition sorgte derweilen ein im Januar vom ukrainischen Parlament verabschiedetes Gesetz, das das Demonstrationsrecht auf BRD-Standards brachte, indem es das Mitführen von Waffen und die Vermummung auf Demonstrationen verbot.

Hinter den Barrikaden wurde das Klima in dieser Zeit immer nationalistischer. Dutzende faschistischer Gruppierungen tauchten auf, errichteten Zelte und verklebten die Innenstadt mit ihren Plakaten. Wie der Autor selbst Mitte Februar 2014 sah, baten die Hundertschaften der »Selbstverteidigung« auf Plakaten ganz offen um Spenden für »Zigaretten und Munition« – Waffen, um die Munition zu verschießen, schienen also zu diesem Zeitpunkt schon vorhanden zu sein. Aktivisten paradierten mit Macheten und langen feststehenden Messern über den Platz. Die Stimmung war düster; die Demonstranten wussten nicht, wie lange das faktische Patt im Konflikt mit der Staatsmacht – die nach wie vor über ein gültiges parlamentarisches Mandat verfügte – auflösen sollten. Im Nachhinein ist man geneigt zu sagen: Gewalt lag in der Luft.

Sie entlud sich in den Tagen vom 18. bis zum 21. Februar 2014. Militante Demonstranten versuchten, das Parlament mit Gewalt zu stürmen und brandschatzten bei der Gelegenheit die am Wege liegende Zentrale der regierenden Partei der Regionen – ein Hausmeister und zwei Parteifunktionäre kamen dabei ums Leben. Nun ging auch die Polizei gewaltsam vor und setzte Schusswaffen ein. Mindestens 60 Personen kamen ums Leben, andere Zahlen liegen weit höher.

Das jedenfalls ist die offizielle Version; dabei ist letztlich bis heute nicht geklärt, wer tatsächlich von wo aus geschossen hat, und die neuen Machthaber verweigern eine offizielle Untersuchung der

Abläufe in den Februartagen. Im März wurde ein Telefongespräch zwischen der damaligen EU-Außenbeauftragten Ashton und dem estnischen Außenminister Päts bekannt, dessen Inhalt von keiner betroffenen Seite bestritten wurde. Darin berichtet der estnische Minister Frau Ashton von einem Gespräch, das er in Kiew mit der leitenden Ärztin des Maidan-eigenen Rettungsdienstes gehabt hatte. Diese Frau, eine im Übrigen als »Verdiente Ärztin der Ukraine« ausgezeichnete Professorin, berichtete, es seien in den Körpern verletzter und getöteter Polizisten und Demonstranten identische Geschosse gefunden worden. Aus anderen Quellen war schon vorher bekannt geworden, dass die Schussbahnen bei den Opfern beider Seiten auf das Obergeschoss des Hotels »Kiew« – es liegt direkt am Unabhängigkeitsplatz und überragt teilweise die umliegenden Hügel – als wahrscheinlichen Standort der Schützen verweisen. Dieses Hotel aber war seit Anfang Dezember unter der Kontrolle des Euromaidan, der dort unter anderem sein Pressezentrum unterhielt. Es bedurfte also einiger Fantasie anzunehmen, dass Scharfschützen der Polizei sich ausgerechnet in diese Höhle des Löwen hineingewagt hätten, um auf Demonstranten zu schießen. Der nächste Schluss wäre, dass die tödlichen Schüsse Provokationen aus den Reihen des Maidans selbst gewesen sein könnten, um durch die nochmalige Eskalation der Lage das international angeschlagene Janukowytsch-Regime endgültig zu Fall zu bringen.

Die erste Hälfte dieser Überlegung bleibt bis auf weiteres hypothetisch. Der weitere Ablauf aber war genauso wie beschrieben. Am 21. Februar erschien eine Delegation aus den Außenministern Deutschlands, Frankreichs und Polens, Steinmeier, Fabius und Sikorski, bei Noch-Präsident Janukowytsch und nötigte ihm eine Vereinbarung zu Verfassungsreformen und einer vorzeitigen Präsidentenwahl Ende 2014 ab. Russland entsandte seinen Menschenrechtsbeauftragten Lukin, der sich aber weigerte, dieses Dokument durch seine Unterschrift zu quittieren. Wahrscheinlich deshalb, weil man in Moskau absah, dass Janukowytsch nicht mehr zu halten war. Die Vereinbarung mit zu unterzeichnen, hätte bedeutet, den auf den absehbaren Abgang Janukowytschs folgenden Machtwechsel zumindest indirekt zu legitimieren. Wie die Entwicklung zeigt, hat Russland in den Monaten seit dem Februar 2014 immer wieder auf dessen Illegitimität hingewiesen, ohne dass diesem – im übrigen auch in westlichen Quellen erhobenen[78] – Vorwurf großes Gehör beschieden gewesen wäre.

Tatsache ist jedenfalls, dass die Führung des Maidan in Gestalt der Herren Jazenjuk und Parubij – die, wie US-Vizepräsident Joe Biden später einräumte – in jenen Tagen in stündlichem Telefonkontakt mit dem Kiewer US-Botschafter Geoffrey Pyatt standen (böswillig ließe sich auch sagen, dass sie an seiner Leine liefen), nicht im Entferntesten daran dachten, die auch von ihnen unterzeichnete Vereinbarung über den kontrollierten Machtwechsel zu erfüllen. In den Nachmittagsstunden des 21. Februar überstürzten sich die Ereignisse. Stoßtrupps der Maidan-Militanten eroberten das Regierungsviertel, Janukowytsch floh mit ein paar Angehörigen erst nach Charkow, wo man ihn nicht wollte, dann in seine Heimat Donezk, dann auf die damals noch ukrainische Krim und dann außer Landes.

Streng genommen wäre mit dem erfolgreichen Machtwechsel zugunsten einer prowestlichen Mannschaft in Kiew die historische Aufgabe des Euromaidan erfüllt gewesen. So sahen das auch große Teile der neuen Kiewer Regierung. Sie besteht nämlich im Wesentlichen aus Vertretern von Oligarchenclans, die unter Janukowytsch zu kurz gekommen waren und die nun beabsichtigten, die verloren gegangenen Pfründen zurückzuerobern. Ihr Pech war, dass die Maidan-Aktivisten das auch bemerkt hatten. Seit dem Sieg der »demokratischen Revolution« herrschte deshalb in Kiew ein stiller Machtkampf zwischen den Kräften der oligarchischen Restauration und dem antioligarchischen Rechtspopulismus des Maidan. Der erste praktische Beweis für diesen Machtkampf war der Tod eines hohen Funktionärs des »Rechten Sektors«, Sascha Muzhycko, Ende März in seiner westukrainischen Heimatstadt Rivne. Er starb nach offizieller Lesart beim Versuch seiner Festnahme, de facto durch eine außergerichtliche Hinrichtung seitens der gegen ihn eingesetzten Sondereinheit der Polizei. Um Muzhycko muss es einem nicht weiter Leid tun, er war ein Boss der lokalen Kriminellenszene, der sich und seine Gruppe durch Schutzgelderpressungen finanzierte. Doch der Rechte Sektor schwor alsbald Rache, wurde aber offensichtlich bisher durch den bald danach entflammten Aufstand im Donbass gehindert, seinen Drohungen kurzfristig Taten folgen zu lassen.

Dieser Aufstand hat den Kiewer Machthabern, obwohl er gegen sie gerichtet ist, kurzfristig auf dialektische Weise eine Chance geboten, ihre Macht zu stabilisieren. Denn die meisten der militanten Maidan-Kämpfer traten in die neu gegründete Nationalgarde ein; solange sie im Donbass für die »Einheit der Ukraine« kämpfen, können sie den inneroligarchischen Intrigen und Machtspielen in Kiew nicht praktisch gefährlich werden. Das gilt allerdings nur für die Dauer der militärischen Auseinandersetzungen. Danach wollen mehrere Feldkommandeure Parteien gründen – und nicht wenige Kämpfer beabsichtigen, nach dem Ende des Krieges nach Kiew zurückzukehren und »die Revolution zu Ende zu bringen«. Auf das Angebot, nach dem Sieg in die Polizei einzutreten, erwiderte einer der Freiwilligen in einem Zeitungsinterview knapp, er habe keine Lust, dem nächsten Oligarchen den A… freizuhalten.

Auf dem Maidan in Kiew blieb ein Bodensatz von etwa 1 000 Männern zurück, der im Sommer 2014 durch einen Polizeieinsatz vertrieben wurde. Gleichzeitig beseitigte die Müllabfuhr die Barrikaden und räumte das angehäufte Gerümpel weg. Die vermummten Gestalten vom Maidan waren der Staatsmacht, die sie an die Macht gebracht hatten, zuletzt aus ganz banalen Gründen lästig. Da mit dem Machtwechsel das Durchfüttern der Leute aus den Portokassen des einen oder anderen Oligarchen offenbar ein Ende hatte, fristeten die »Helden«

ihr Leben zuletzt mit gewöhnlicher Kriminalität: Schutzgelderpressung, Raubüberfällen sowie der Unterschlagung von »für die Frontkämpfer« bestimmten Spenden. Die Ironie dieser Entwicklung: als im Winter Anhänger Janukowytschs auf die Präsenz von »Pennern, Säufern und Rauschgiftsüchtigen« auf dem Maidan hinwiesen, wurde das im Brustton der Entrüstung als politische Verleumdung zurückgewiesen. Da hatten die Mohren ihre Schuldigkeit noch nicht getan.

Eine Wegwerfgegend wehrt sich

Das Donbass und sein Aufstand

Der Donbass[79] – ein russisches Akronym aus »Do-nez-Steinkohlebecken« – ist eine melancholische Gegend. Landschaftlich reizlos, kaum bewaldet, akzentuieren Fördertürme und Fabrikschornsteine den Horizont; die zu Pyramiden aufgetürmten Abraumhalden ersetzen die Berge. Dazwischen verstreut Bergarbeitersiedlungen im Schatten der Zechen, die alten Häuser vielfach einstöckige Katen mit Eternitdächern und kleinen Gemüsegärten und Schuppen im Hinterhof, in den Städten findet man die typischen billig hochgezogenen Neubauten, die man in der DDR »Arbeiterschließfächer« genannt hat.. In den Stadtzentren dominiert vielfach der Stalinsche Klassizismus, in dem die Orte nach dem Zweiten Weltkrieg wieder aufgebaut wurden; selbst trostlose Kleinstädte haben so Rat- und Kulturhäuser mit Säulenfassaden wie griechische Tempel – auch wenn vielfach der Putz bröckelt und die Fenster seit langem nicht mehr gestrichen wurden. Trotz der scheinbar historischen Bauten sind die Städte nicht alt: Slowjansk, Luhansk und Lisitschansk entstanden Ende des 18. Jahrhunderts im Zuge der russischen Kolonisation nach der Eroberung des Landes; Donezk wurde erst 1869 als »Jusowka« gegründet – benannt nach dem britischen Unternehmer Hughes, der hier eine Stahlhütte aufmachte; die Nachbarstadt Gorlowka ist etwas älter und ist nach dem Geologen Petro Gorlow benannt, der sich um die Ermittlung der Kohlelagerstätten der Region verdient gemacht hatte. Altschewsk wurde 1895 als Fabrikstadt gegründet und trägt den Namen des Fabrikbesitzers, Sewerodonezk gar erst 1934 als Standort eines Chemiekombinats.

Der Donbass ist in seiner heutigen Gestalt das Produkt zweier Industrialisierungswellen: der kapitalistischen im zaristischen Russland und der sowjetischen. Mit der Kohle des Donbass wurde der Stahl für die russischen Eisenbahnen gekocht, die Region war Anfang des 20. Jahrhunderts der größte Kohleproduzent des Zarenreiches. Die Lokomotivfabrik in Luhansk (damals noch Woroschilowgrad), Eisenbahnfreunden und Nutzern der DDR-Reichsbahn als Heimat der »Taigatrommeln« (BR 120) bekannt, war ursprünglich eine Auslandsinvestition des sächsischen Maschinenbauers Hartmann in Chemnitz, der am Wachstum des Schienennetzes in Russland mitverdienen wollte.

In beiden Industrialisierungswellen wurde keine Rücksicht auf Mensch und Natur genommen. Besonders problematisch ist bis heute der Wasserhaushalt: die Steppenregion, unter der die Kohle liegt, ist von Natur aus nicht besonders wasserreich, der Kohleabbau verlangt zudem, das Grundwasser abzusenken – aber die zeitweise auf bis zu sieben Millionen Menschen gestiegene Bevölkerung braucht Wasser

– und konkurriert gleichzeitig mit den Stahlwerken und anderen Industriebetrieben um diese knappe Ressource. Der Widerspruch ist nie gelöst worden; katastrophale hygienische Verhältnisse begleiteten die Erschließung der Region, bis heute sind nicht alle Wohnhäuser an Wasserleitungen angeschlossen. Bergschäden treten häufig auf, in Lexikoneinträgen zu manchen Orten heißt es, sie seien eigentlich nur noch mit Allradfahrzeugen zu erreichen[80]; manche Straßen würden von den Bewohnern überhaupt gemieden.

Die letzte richtig gute Zeit hatte der Donbass während des Wiederaufbaus nach dem Zweiten Weltkrieg. Doch schon in den 1950er Jahren beschlossen die zentralen Planungsbehörden, in die Bergwerke des Donbass keine größeren Investitionen mehr tätigen. Inzwischen waren nämlich – ironischerweise mit Maschinen, die 1941 in großer Hektik vor den vorrückenden Deutschen evakuiert worden waren – der Kusbass in Sibirien und andere Lagerstätten erschlossen worden. Dort konnte Kohle im Tagebau gewonnen werden – zu Kosten, mit denen der Donbass nicht mehr konkurrieren konnte. Denn dort reichen die Schächte inzwischen bis in 1400 Meter Tiefe, und die ohnehin schmalen Flöze sind sehr steil gelagert, wodurch pro Tonne Kohle viel Gestein bewegt werden muss.

Das hatte zwei entscheidende Folgen. Die erste wurde noch zu Sowjetzeiten wirksam: die Bergarbeiter der Region begannen, sich für die Parole der ukrainischen Unabhängigkeit zu erwärmen. Im Sommer

1989 schloss sich der Donbass einer Streikbewegung der Kumpel in Sibirien an. Aber zusätzlich zu den höheren Löhnen und der besseren Versorgung wurde hier auch die Souveränität der Ukraine gefordert. Die Nationalisten in der Westukraine konnten es erst gar nicht glauben, war doch die Arbeiterbevölkerung des Industriegebiets multinational zusammengesetzt und gegen Forderungen nach einer »Ukraine der Ukrainer« bisher eher immun gewesen. Diese Haltung zu den kulturellen und ethnischen Inhalten des Nationalismus änderte sich auch jetzt nicht; aber die Unabhängigkeit des Landes erschien den Bergleuten plötzlich als taktisch günstige Bedingung für ihre sozialen Forderungen. Denn innerhalb einer unabhängigen Ukraine wäre der Donbass das bei weitem bedeutendste Abbaugebiet für Kohle, und die Regierung einer solchen unabhängigen Ukraine müsste, so kalkulierten sie, die Zechen des Donbass unterstützen – anders als die sowjetische Zentrale, die den Kusbass und andere Tagebauregionen als Alternative hatte[81]. Die Unterstützung der Unabhängigkeitsbewegung bedeutete für die Bergleute des Donbass die Hoffnung, aus industriepolitischen Gründen um den Strukturwandel der Region herumzukommen. Gleichzeitig machte die Unterstützung der Bergleute für die Unabhängigkeit aus Moskauer Sicht einen wesentlichen Unterschied aus. Zehntausende streikender Arbeiter in einer der wichtigsten Industrieregionen des Landes konnte man nicht so einfach von der Polizei wegräumen lassen wie ein paar artikelschreibende Dissidenten oder exmatrikulieren wie hungerstreikende Studenten. Die Arbeiterbewegung ließ sich aber auch noch vor andere Karren spannen: So instrumentalisierten die sowjetischen Betriebsleitungen, denen die Planvorgaben schon seit langem gegen den Strich gingen, die Arbeiterproteste für ihre Bestrebungen nach größerer Unabhängigkeit der Betriebe und Unkontrollierbarkeit ihrer Gewinne und von deren Verwendung. Gerade der Donbass war schon seit einer ersten Dezentralisierungswelle der Wirtschaftsplanung Ende der 1950er Jahre immer wieder in der zentralen sowjetischen Presse als Hochburg »regionaler Fürstentümer« kritisiert worden. In der Konsequenz wirkten also die sozialpolitisch veranlassten Proteste der Bergleute im Donbass als Schwungrad zweier Interessen, mit denen sie nichts zu tun hatten: dem Ethnonationalismus der galizischen Intelligenz und dem Protokapitalismus ihrer Betriebsdirektoren.

Die zweite Konsequenz aus der industriepolitischen Entscheidung der sowjetischen Führung, in den Donbass nicht mehr zu investieren, lag auf wirtschaftlicher Ebene und kam erst nach der Unabhängigkeit der Ukraine in vollem Umfang zum Tragen. Die Betriebsdirektoren und neuen Eigentümer wussten natürlich genau wie die sowjetischen Planer, dass die Produktionskosten der Donbass-Kohle wegen der geologischen Verhältnisse über denen der internationalen Konkurrenz lagen, und dass die Zechen damit nicht wettbewerbsfähig waren. Also versuchten sie, an dem Faktor des Kohlepreises zu drehen, hinter dem das steht, was Marx einmal das »historisch-moralische Element« des Preises der Arbeitskraft genannt hat. Sie versuchten, die Löhne auf das zum physischen Überleben der Arbeiter unumgängliche Niveau zu drücken, und gelegentlich auch darunter. Die geschuldeten Löhne wurden oft über Jahre gar nicht oder nur in Abschlägen oder in Naturalien gezahlt. Der Raubbau umfasste nicht nur den Umgang mit der Arbeitskraft, sondern auch den mit dem Anlagekapital. Weil die neuen Unternehmer das von der Sowjetunion produzierte Volksvermögen ohne Gegenleistung und somit zu Bilanzwerten nahe Null übernommen hatten, machten sie sich wenig Sorgen um seinen Erhalt und vernachlässigten systematisch die Grubensicherheit. Die ukrainischen Gruben wurden schnell zu den gefährlichsten weltweit, wenn man von denen in China absieht. Die Unfallzahlen im Bergbau des Donbass lagen um die Wende zum 21. Jahrhundert pro 1000 Beschäftigte siebenmal so hoch wie im Ruhrgebiet und viermal so hoch wie in Polen. Vor allem Grubengasexplosionen kamen immer wieder vor und kosteten oft auf einen Schlag Dutzende von Arbeitern das Leben.

Die Hoffnungen, die die Bewohner des Donbass darauf gesetzt hatten, dass sie es in einer von Moskau abgetrennten Ukraine besser haben würden, wurden schnell enttäuscht. So erklärten Mitte der 1990er Jahre 50 Prozent der Befragten in Umfragen, sie würden nicht nochmals für die Unabhängigkeit stimmen, wenn sie die Möglichkeit dazu hätten. Parolen für eine Autonomie des Donbass nach dem Vorbild der Krim oder für eine Föderalisierung der Ukraine mit größeren Vollmachten für die Regionen wurden regelmäßig alle paar Jahre laut, so Mitte der 1990er und Anfang der 2000er Jahre. In den 1990er

Jahren protestierten die Bergarbeiter im Donbass noch dagegen, dass sich ihre Lage in der unabhängigen Ukraine nicht verbessert hatte. Kolonnen ausgemergelter Männer, die mit Knüppeln auf ihre Grubenhelme schlugen und einen Höllenlärm verursachten, wurden in Kiew zur regelmäßigen Erscheinung. Jedes Mal versprach die Regierung, sich für die Zahlung der Löhne einzusetzen, selten geschah wirklich etwas. Denn angesichts der einseitig auf die Schwerindustrie fixierten Industriestruktur des Donbass und der bald in den Händen weniger Oligarchen konzentrierten Eigentumsverhältnisse an den Betrieben hatte der Protest der Bergleute schlechte Karten, was seine sozialen Inhalte anging. Wer sich wirklich gegen die neue Eigentümerklasse wendete, die sich aus »Roten Ex-Direktoren«, ehemaligen Parteifunktionären und durch kriminelle Machenschaften zu Geld gekommenen »neuen Ukrainern« zusammensetzte, sah sich der Drohung ausgesetzt, entlassen zu werden, und Ersatzjobs in der Region, die nicht von denselben Leuten kontrolliert worden wären, denen auch die Gruben gehörten, gab es nicht. Die Hilferufe an die Regierung liefen in der Regel auf neue Subventionspakete hinaus, die aus dem Staatshaushalt an die Zechenbetreiber gezahlt wurden, und die gaben nur so viel an die Arbeiter weiter, wie sie für erforderlich hielten, um sie einerseits am Verhungern zu hindern und sie sich andererseits als politische Manövriermasse zu erhalten. Ein Indiz ist, dass bei allem Elend der Bergleute des Donbass die Sonderzüge, die sie nach Kiew zu den Protestdemonstrationen transportierten, immer von irgendjemandem bezahlt wurden.

Denn letztlich standen hinter den Protesten der Bergleute Auseinandersetzungen oligarchischer Clans um politischen Einfluss auf die ukrainische Politik[82]. In allen ukrainischen Industriegebieten hatten sich in den Neunzigern regional definierte Gruppen frischgebackener Kapitalisten herausgebildet. Der Kampf um die private Aneignung des von der Sowjetunion ererbten Volkseigentums wurde mit harten Bandagen ausgefochten, oft genug mit Pistole, Kalaschnikow oder Dynamit. Besonders berüchtigt wurde in dieser Hinsicht das Gebiet Donezk. Wolodymyr Schtscherban, der zeitweilige Gouverneur des Gebiets Donezk und als Boss des »Donezker Clans« gehandelt, wurde 1996 auf dem Rollfeld des Donezker Flughafens von einer Truppe von Leuten in Polizeiuniformen niedergemäht, als er aus seinem Privatjet stieg. Der Mord wurde nie aufgeklärt; zuletzt hatte die Administration von Wiktor Janukowytsch die damalige »Gasprinzessin« aus Dnipropetrowsk, Julia Tymoschenko, im Verdacht. Hauptargument der Anklage waren angebliche Zahlungen einer Tymoschenko gehörenden Firma auf Zypern an die – inzwischen ebenfalls bereits verstorbenen – Killer. Es wäre also ein Indizienprozess geworden. Doch das Verfahren wurde mit dem Ende des Janukowytsch-Regimes eingestellt, und es sieht nicht danach aus, dass jemand Interesse hat, diese Geschichte noch einmal aufzurollen.

Die prominentesten Politiker des Donbass waren bis zum Sturz Janukowytschs dieser selbst und der hinter ihm stehende Oligarch Rinat Achmetow. Beide stammen aus proletarischen Familien; der 1950 geborene und früh verwaiste Janukowytsch wurde als Jugendlicher 1967 wegen Diebstahls und 1970 wegen Körperverletzung zu Haftstrafen verurteilt, später aber amnestiert. Er hatte anschließend trotz seiner Vorstrafen Gelegenheit zu studieren und arbeitete ab 1980 als Leiter des Fuhrparks eines Grubenkombinats in Jenakijewe bei Donezk; als sowjetischer Manager der mittleren Ebene wird er früh die für diese Funktion erforderlichen Sekundärtugenden des Schmiedens informeller Beziehungen auch mit Hilfe von unverbuchten Dienstleistungen und der mündlichen Absprachen »unter Männern« erlernt haben. Aber anders als seine Gegner unter Verweis auf seine Verfehlungen in jungen Jahren immer unterstellt haben, kam er definitiv nicht aus der Unterwelt an die Macht, sondern gehörte zur Zeit der Unabhängigkeitserklärung eher zur Schicht der »Roten Direktoren«. Als einer von diesen setzte er seine Karriere ab 1996 in der Donezker Gebietsverwaltung fort. Dem 1966 geborenen Achmetow wird dagegen nachgesagt, seine ersten Millionen mit kriminellen Geschäften gemacht zu haben: die Rede ist von Glücksspiel und Erpressung[83]. Jedenfalls konnte er mit nur 29 Jahren die »Donezker Stadtbank« gründen und war die »rechte Hand« von Aleksander Bragin, einer der führenden »kriminellen Autoritäten« der Region. Nachdem Bragin 1995 durch ein Attentat – die Täter hatten die VIP-Tribüne des Stadions von Schachtjor Donezk, dessen Präsident er war, in die Luft gesprengt – ums Leben kam, übernahm Achmetow dessen Geschäfte und führte sie mit offenkundigem Erfolg auf eigene Rechnung weiter. Nach wenigen Jahren war er der reichste Mann der Ukraine.

Der systematische Einzug von Donezker Politikern in die Kiewer Regierung begann etwa 2001. 1999 hatte der Donezker Gouverneur Janukowytsch und hinter ihm der Oligarch Achmetow dem zweiten Präsidenten der Ukraine, Leonid Kutschma, die Wiederwahl in der Stichwahl gegen den Kandidaten der favorisierten Kommunisten, Petro Symonenko, gesichert: mit all den Beeinflussungsmechanismen, die man in postsowjetischen Ländern als »administrative Ressourcen« bezeichnet. Dazu gehörte das präventive Einschüchtern und Kompromittieren politischer Gegner, das Abkommandieren von Studenten und Bediensteten der regionalen Behörden, um geschlossen für den »Richtigen« zu stimmen – aber auch die Verteilung von Nahrungsmittelpaketen an Bedürftige und ostentatives Mäzenatentum vor allem im Leistungssport. Diese Methoden funktionierten auf der Grundlage des betrieblichen Paternalismus, der in der Ostukraine die Grundlage der Gesellschaft bildet. Er »tauschte« leidliche Versorgung gegen politische Loyalität. Parallelen zur informellen Herrschaft der Mafia in Süditalien liegen auf der Hand.

Nach seinem Wahlsieg musste Kutschma, der sich ursprünglich überwiegend auf den mit der Donezker Gruppe konkurrierenden Clan seiner Heimatstadt Dnipropetrowsk gestützt hatte, den Donezkern Konzessionen machen. Es kam hinzu, dass Kutschma durch den 2000 losgetretenen Kassettenskandal unter Druck westlicher Regierungen und westukrainischer Nationalisten gekommen war, so dass ein Schulterschluss mit den Donezkern nahelag, die immerhin auf der prinzipiell selben Grundlage wirtschafteten wie Kutschmas eigene Hintermänner. So wurde Janukowytsch 2002 Ministerpräsident, und als Kutschma 2004 nach zwei Amtsperioden nicht mehr wiedergewählt werden konnte, bestimmte er Janukowytsch als seinen Wunschnachfolger. Der Griff des Donezker Clans nach der Macht auf gesamtstaatlicher Ebene führte zu heftigen Gegenreaktionen in Gestalt der »Orangen Revolution« des Winters 2004/2005.

In gewisser Weise waren in jenem Winter ebenso wie im Winter des »Euromaidan« die Reaktionen der überwiegend westukrainischen Demonstranten und die der Bevölkerung des Donbass wie die von Hund und Katze, deren Unverträglichkeit sich daraus ableitet, dass bestimmte Verhaltensweisen der einen Spezies von der anderen als Angriff wahrgenommen und entsprechend beantwortet werden – auch ohne dass sie so gemeint sein müssen. Im Donbass dauert die Sowjetunion im öffentlichen Raum bis heute fort. Lenindenkmäler und Straßen, die nach Generälen der Roten Armee benannt sind, prägen die Städte; die Stadtviertel heißen »Proletarskij« oder »Rotarmee«, Ortschaften tragen nach wie vor die Namen von Führern der Arbeiterbewegung wie Ernst Thälmann oder Maurice Thorez, andere heißen »Partisanskoje«, »Kommunar« oder »Pobednoje«(Siegdorf). Die sowjetische Vergangenheit ist im Bewusstsein der meisten Menschen nicht primär als Zeit der Stalinschen Repressionen oder der Hungersnot von 1932/33 verankert, sondern allenfalls als am Schluss gescheiterte Epoche, in der es lange Zeit »aufwärts« ging, in der harte Arbeit angesehen und geehrt war, wo der Donbass »das Land ernährte« und man als Bergmann, Stahlwerker und Bürger eines großen Landes auf der Seite der Sieger stand – kurz, es ist das ganze Arsenal des Sowjetpatriotismus der Breschnew-Zeit, das hier bis in die jüngste Zeit gepflegt wird.

Im Gegensatz dazu wird der Donbass in der Westukraine bestenfalls als sowjetisches Freilichtmuseum wahrgenommen, im Regelfall aber werden seine Bewohner dort – sogar wenn man die Kennzeichnung als »Untermenschen« durch Ministerpräsident Jazenjuk im Frühjahr 2014 mit Schweigen übergeht – als dumpfe Penner und Säufer diffamiert, die kein oder kein richtiges Ukrainisch sprächen und denen deshalb Nachhilfeunterricht in ukrainischem Patriotismus gebühre. Das wiederum glauben die Donbass-Bewohner, sich nicht sagen lassen zu müssen. Wenn Fernsehberichte des Jahres 2014 auf »vox populi« zurückgriffen, kehrte immer wieder ein Motiv wieder, das Bewohner von Donezk oder Lugansk in die Kameras sagten: was wollen diese Galizier bei uns, sollen sie doch in ihrer Ukraine dahinten im Westen leben wie sie wollen und uns hier in Ruhe lassen. Es brach die alltagskulturelle Bruchlinie auf, die zwanzig Jahre Leben in der unabhängigen Ukraine nicht hatten verwischen können; die Gleichgültigkeit des Staates in sprachlich-kulturellen Fragen unter Wiktor Janukowytsch dürfte künftigen Historikern in dieser Hinsicht bei aller Korruption als eine Periode erfolgreicher Integration erscheinen.

Im Winter 2013/2014 hatte der vom Euromaidan bedrängte Präsident Wiktor Janukowytsch lange gezögert, die Region, in der er seinen politischen und sozialen Rückhalt hatte, entschieden gegen die prowestlichen Demonstrationen zu mobilisieren. Der Donbass arbeitete, während Galizien demonstrierte – das war das Bild, das die Medien der Regierungsseite verbreiteten, und ihre Zeitungen und Fernsehsender agitierten gegen die »Nichtstuer«, »Drogensüchtigen« und »Faschisten« auf dem Maidan. Man sieht an dieser Reihung, dass das politische Argument der nationalistischen Geschichtspolitik zunächst nur ein Vorwurf unter mehreren war, der dem Maidan aus den Reihen einer sich selbst als »schweigende Mehrheit« verstehenden Bevölkerung entgegengebracht wurde. Unterstützungsdemonstrationen gegen den »Euromaidan«, die die Partei der Regionen von Zeit zu Zeit organisierte, wirkten schlapp und unmotiviert, und es ist in hohem Maße wahrscheinlich, dass die Teilnehmer gegen Honorar an den Veranstaltungen mitwirkten. Von 200 Hrivnja (damals etwa 15 Euro) Tageshonorar für einen solchen Demonstrationseinsatz berichtete dem Verfasser im Frühjahr 2014 ein Taxifahrer in Odessa, der sich nicht im Mindesten genierte, diese Teilnahme gegen Geld zuzugeben. Aus der Perspektive eines prekären Kleinselbständigen war es ein Job wie andere auch, einer, bei dem außerdem noch Verpflegung geboten wurde und keine Ausgaben für Benzin entstanden. Man ging halt hin, weil die Chefs der regionalen Parteiorganisation es so forderten – die würden schon wissen, was sie taten.

Genau diese Gewissheit brach im Februar 2014 zusammen. Nachdem Janukowytsch nach Russland geflohen war, lösten sich die Strukturen der von ihm gegründeten Partei der Regionen innerhalb weniger Wochen auf. Teile ihrer Politiker gingen auf die Seite der neuen Machthaber über, weil sie ihr Mandat auch bisher nur als Freibrief verstanden hatten, ihre wirtschaftlichen Interessen von innerhalb der Staatsmacht aus voranzubringen. Die im Donbass durchaus vorhandene, wenn auch politisch passive, Massenbasis verfiel offenbar in Desorientierung; der Nimbus Janukowytschs als »Hausherr« (chozjajn) verflüchtigte sich innerhalb von Tagen. Gerade die Macho-Gesellschaft des Donbass nahm ihm seine Flucht als persönliche Feigheit übel. Nicht selten war im Frühjahr zu hören und zu lesen, wenn Janukowytsch ein Kerl gewesen wäre, hätte er eine Kalaschnikow genommen und gegen seine Feinde gekämpft. Aber er sei leider nur eine Memme. Janukowytsch ist daher in der Bevölkerung des Donbass inzwischen nicht minder diskreditiert als im Rest des Landes. Insofern sind in ukrainischen Medien kolportierte Vermutungen, dass er den Aufstand im Donbass finanziere, um sein Comeback vorzubereiten, wenig plausibel.

Anders ist es mit Rinat Achmetow, als dessen Strohmann Janukowytsch in all den Jahren seiner politischen Herrschaft galt. Dass er zumindest in der Anfangsphase des Aufstands seine Hände im Spiel hatte, ist ziemlich wahrscheinlich. Denn seine Leute kontrollierten, wie alle staatlichen Strukturen im Donbass, so auch die örtlichen Polizeieinheiten. Deren überwiegende Passivität angesichts der Behördenbesetzungen im April und Mai 2014 ist ohne die Billigung Achmetows kaum vorstellbar. Gleichzeitig gab der Oligarch über seine Unternehmensgruppe »System Capital Management« (SCM) im Frühjahr im Wochenrhythmus politische Erklärungen ab, in denen er zu einem Kompromiss aufrief. Seit dem Beginn der Militäroffensive der Kiewer Truppen im Juni sind diese Erklärungen verstummt.

Um dieses Verhalten zu erklären, muss man den Euromaidan auf dem Hintergrund der inneroligarchischen Machtkämpfe in der Ukraine verstehen. Janukowytsch und seine Leute hatten ihre politische Herrschaft auch zur wirtschaftlichen Umverteilung des ukrainischen Volksvermögens genutzt. Nicht nur, dass Janukowytsch als Präsident offenbar für sich persönlich die Chance sah, endlich einmal richtig Kohle zu machen; er schanzte auch noch seinem Sohn Oleksander (»Sascha Zahnarzt«, wie ihn der Volksmund nannte) ein Unternehmensimperium zu, das Anfang 2014 auf mehrere hundert Millionen Dollar geschätzt wurde. Es ist klar, dass diese aggressive Geschäftspolitik anderen Oligarchen auf die Füße trat – ein wesentlicher Grund, warum der Euromaidan auch innerukrainische Sponsoren besaß und nicht nur auf das zweifellos geflossene Geld der CIA und anderer westlicher Dienste und Agenturen angewiesen war. Mit dem Sieg des Euromaidan war damit auch die Position des von Achmetow verkörperten Donezker Clans innerhalb der ukrainischen Oligarchie erheblich geschwächt. Neuer starker Mann wurde Igor Kolomojskij, ein Exponent der konkurrierenden Gruppe aus Dnipropetrowsk. Die neuen Machthaber kündigten unter der Parole des »Kampfes gegen die Korruption« an, verschiedene Privatisierungen der Janukowytsch-Ära rückgängig zu machen. Es bestand also Handlungsbedarf.

Achmetow hatte seinen politischen Einfluss auf Grundlage der wirtschaftlichen Potenz des Donbass aufgebaut, das in guten Zeiten ein Sechstel des ukrainischen Sozialprodukts erwirtschaftete und bis zu 80 Prozent der Exporte des Landes erzeugte. Aus dieser Perspektive war es mehr als nahe liegend, angesichts der aus Kiew kommenden wirtschaftlichen und politischen Gefahren den Tiger einmal ordentlich die Zähne fletschen zu lassen – immer vorausgesetzt, man bekam ihn nachher wieder in den Käfig zurück. Genau dies scheint Achmetow im Frühjahr 2014 versucht zu haben: darüber, dass er den Aufstand in der Anfangsphase gewähren ließ, ein Druckpotential gegenüber Kiew aufzubauen, sich für eine Befriedung unentbehrlich zu machen und den neuen Machthabern bei der Gelegenheit die Rechnung zu präsentieren: Fasst mein Imperium nicht an. Bei mehreren Behördenbesetzungen in Donezk bot sich Achmetow persönlich als Unterhändler an und versuchte, in Kiew politische Zugeständnisse auszuhandeln, die es erlaubt hätten, die Besetzungen als symbolische Aktionen relativ schnell wieder zu beenden. Der als Besitzer zweier Stahlwerke in der Küstenstadt Mariupol auch persönlich an *business as usual* wenigstens hier interessierte Achmetow, spielte eine wesentliche Rolle dabei, dass der Versuch von Aufständischen, auch in Mariupol Behörden zu besetzen und die Stadt so unter die Kontrolle der inzwischen ausgerufenen »Volksrepublik Donezk« zu bringen, scheiterte. Ein Ordnungsdienst aus mehreren Tausend seiner Beschäftigten in Firmenoveralls von »Asowstal« hielt die öffentliche Ordnung jedenfalls insoweit aufrecht, dass die Aufständischen die Stadt nicht übernehmen konnten.

Achmetow gab auch noch ein anderes Zeichen seiner prinzipiellen Loyalität zu Kiew. Als ihn die »Volksrepublik Donezk« Anfang Mai aufforderte, die Steuern seiner Unternehmen an ihre Kasse statt an den ukrainischen Fiskus abzuführen, lehnte er dieses Ansinnen überaus brüsk ab. Doch, offenbar entgegen seinen Erwartungen: das Kiewer Regime dankte es ihm nicht. Nach Mariupol schickte es die Nationalgarde und das Freiwilligenbataillon »Asow«, auf wirtschaftlicher Ebene scheinen die Oligarchen hinter Poroschenko und Jazenjuk entschieden zu haben, den Konkurrenten Achmetow wirklich aus dem Spiel zu werfen. Nachdem die »Volksrepublik Donezk« nach seiner Steuerverweigerung angekündigt hatte, die von ihr kontrollierten Unternehmen Achmetows zu verstaatlichen (was bis Ende September nicht geschehen ist), setzte sich der einstige Pate des Donbass nach Kiew ab. Seit dem Beginn der »Antiterroroperation« Kiews gegen den Donbass war von ihm öffentlich wenig zu hören. Der Oligarch scheint auf bessere Zeiten zu warten.

Dass Achmetows Strategie, mit einer begrenzten Duldung und anschließenden Zähmung des Aufstandes sein Standing in Kiew aufzubessern, offenkundig gescheitert ist, zeigt, dass das Ende des Janu-kowytsch-Regimes auch im Donbass die politischen Strukturen erschüttert hat. Die klientelistische Pas-sivität, die der Bevölkerung der Region von Sozial-wissenschaftlern immer wieder bescheinigt worden ist, hat in der Situation des Frühjahrs 2014, als der eine Pate weg und der andere geschwächt war, Risse bekommen. Wie auch schon im März auf der Krim, waren die Mitte April einsetzenden Besetzungen öf-fentlicher Gebäude im Ausgangspunkt Kopien von Aktionsformen des Euromaidan. Wenn die »Swobo-da« ungestraft das Kiewer Rathaus besetzen durfte – warum dann nicht Bewohner von Donezk das ihrer Stadt? Reporter – westliche ebenso wie russische –, die im Frühjahr Zeit bei den Volksmilizen verbrach-ten, schilderten sie als der Bevölkerung verbundene und von ihr mit Essen und Informationen versorgte Gruppen örtlicher Kämpfer, bei denen ein Alkohol-verbot nicht nur verkündet, sondern auch eingehal-ten werde. Das zentrale Argument der Bewegung, die Heimat im Donbass vor dem Zugriff der aus der Westukraine und aus Kiew angereisten Faschisten zu schützen, muss in der Anfangsphase wirklich ernst genommen worden sein. Die Waffen jener Tage waren – wie ein Reporter der »New York Times« im Mai in Slowjansk notierte – überwiegend altes Zeug aus den 1980er Jahren, teilweise aus Polizeibestän-den übernommen, teilweise aus überrannten Kaser-nen. Manche der Aufständischen kämpften sogar mit ihren Jagdflinten.

Gleichzeitig kämpften die Volkswehr-Einheiten im Donbass von Anfang an mit Personalmangel.

Igor Girkin mit dem Kampfnamen Strelkow (der Schütze), der zeitweilige Kommandant des besetzten Slowjansk und anschließend kurzfristig Verteidigungsminister und Oberkommandierender der »Volksrepublik Donezk«, rief die männliche Bevölkerung der Region mehrfach auf, den Kampfeinheiten beizutreten, statt sich »vor dem Computer den Hintern platt zu sitzen und Bier zu trinken«. Der Erfolg solcher Appelle scheint sich in Grenzen gehalten zu haben. Etwa 15 000 aus einer Region mit zu Beginn des Konflikts sechs Millionen Einwohnern rekrutierte Freiwillige sind keine überwältigende Zahl, und sie hat sich offenbar auch nicht signifikant erhöht, nachdem Girkin/Strelkow den Kämpfern im Juli Sold und die Versorgung ihrer Angehörigen im Todesfall versprochen hat. Auch wenn man die 1 000 nach offiziellen Angaben aus der »Volksrepublik Donezk« auf Seiten der Aufständischen gefallenen Kämpfer berücksichtigt und eine Dunkelziffer addiert, wird man schwerlich über die Zahl von 20 000 Freiwilligen kommen, die sich zum bewaffneten Kampf gegen die ukrainischen Truppen gemeldet haben. Eine deutlich höhere Zahl ist offenbar mit ihren Familien im Sommer vor der ukrainischen Offensive nach Russland geflohen – und sieht sich dort ebenso wie in der zurückgelassenen Heimat dem mehr oder minder offen geäußerten Verdacht des Drückebergertums ausgesetzt. Auf der anderen Seite ist es offenbar so, dass der Zustrom in die Reihen der Aufständischen aus der Region nicht abreißt. Dafür sorgt mindestens zum Teil die ukrainische Kriegsführung selbst. Zeugnisse aus den Reihen der Aufständischen besagen, dass etliche der

Kämpfer durch Artilleriebeschuss oder Luftangriffe ihr Haus oder ihre Familien verloren haben. Aus der »Volksrepublik Lugansk« meldete die ukrainische Seite im September, die dortigen Behörden hätten alle Männer zwischen 18 und 50 Jahren zwangsweise zum Dienst in der Volkswehr mobilisiert; aber da die Ukraine selbst in ihre Armee Männer bis zum 60. Lebensjahr zieht und damit Heldenklau-Kriterien anwendet, die zuletzt für den deutschen Volkssturm am Ende des Zweiten Weltkriegs gegolten haben, ist dieses Argument zweischneidig. Generell scheinen die »Volksrepubliken« eher auf Freiwilligkeit bei der Rekrutierung ihrer Kämpfer zu setzen.

Erheblich ist offenbar der Anteil russischer Freiwilliger an den auf Seiten der Volksrepubliken kämpfenden Einheiten. Zu ihren Motivationen sind die Zeugnisse widersprüchlich. Russische Quellen heben in der Regel ihre ideellen Motive hervor, wie den Wunsch, gegen den »Ukrofaschismus« zu kämpfen oder russischen Landsleuten beizustehen. Ukrainische Quellen unterstreichen im Gegenteil die »niederen Motive« dieser Kämpfer und stellen sie als Söldner dar, die – durch Annoncen im Internet oder durch Schwarze Bretter an Hochschulen – für den Kampfeinsatz als Job geworben worden seien. Für beide Thesen gibt es auf den ersten Blick glaubwürdige Belege, so dass sich wahrscheinlich ideell motivierte Leute ebenso unter ihnen befinden wie Abenteurer oder Arbeitslose. Viele dieser Freiwilligen sind offenbar kaum militärisch ausgebildet, und sie geraten – nach Berichten, die sie nach ihrer Rückkehr im Internet veröffentlichen – gelegentlich zwischen die Fronten der Rivalitäten unterschiedlicher Feldkommandeure der ostukrainischen Volkswehren. Ihr Kampfwert wird unterschiedlich eingeschätzt, ihre Verluste werden nicht separat ausgewiesen und sind daher schwer zu ermitteln.

Angehörige informeller russischer Einheiten waren offenbar zumindest in der Anfangsphase des Konflikts als »grüne Männchen« im Einsatz. Teilweise stammten sie vermutlich aus der »Volkswehr der Krim«, die nach der überraschend reibungslosen Übernahme der Halbinsel durch Russland im März nichts mehr zu tun hatte und darauf brannte, »Neurussland« noch weiter auszudehnen. Reguläre russische Truppen werden in aller Regel von der ukrainischen Seite beschworen, wenn es eigene Niederlagen zu beschönigen gilt. Bis zu zwei Divisionen wollten Kiewer »Militärspezialisten« wie Dmytro Tymtschuk vom »Informationswiderstand« Ende August im Donbass ausgemacht haben; eine Studie des Nato-Militärausschusses vom selben Zeitpunkt war da deutlich zurückhaltender und sprach von maximal vier Bataillonen oder 1 000 Mann, die mehr als Ausbilder tätig seien, als dass sie unmittelbar an der Front kämpften. Die einzigen leibhaftigen Russen, die die ukrainische Seite präsentieren konnte, waren etwa 30 Angehörige einer Fallschirmjägerdivision, die Mitte August in Gefangenschaft gerieten und von denen man seitdem nichts mehr gehört hat. Die russische Seite hat den Zwischenfall indirekt zugegeben und damit erklärt, dass sich die Soldaten im Gelände »verirrt« hätten – eine etwas erstaunliche Aussage für Angehörige einer Eliteeinheit, bei denen man eine Ausrüstung mit Satellitennavigationsgeräten oder wenigstens die Fähigkeit, Landkarten zu lesen, erwarten können sollte.

Ukrainische und putinkritische Quellen in Russland sprechen von hohen Verlusten, die die russische Armee im Donbass erleide. Die Angaben sind jedoch wenig belastbar. Aufnahmen, die die ukrainische Seite von einem angeblichen Begräbnis russischer Wehrpflichtiger veröffentlichte, erwiesen sich als neu betextete Bilder aus dem Jahr 2013. Überdies stehen sie im Konflikt mit der anderen Aussage der ukrainischen Seite, wonach die russische Armeeführung ihre Gefallenen in aller Stille auf irgendwelchen Dorffriedhöfen ohne Namensnennung bestatte – dazu passen Aufnahmen nicht, die von überhöhter Stelle aus am offenen Grab gemacht wurden, also erkennbar nicht mit versteckter Kamera. Auch Organisationen wie die russischen »Soldatenmütter« berichten über hohe Verlustziffern, doch legen sie – nach eigenen Angaben aus Sorge vor Repressionen gegen ihre Informanten – ihre Quellen nicht offen, so dass diese Meldungen nur bedingt aussagekräftig sind.

Politisch sind die selbsternannten Volksrepubliken Donezk und Luhansk die Schwundstufen eines im Frühjahr 2014 von prorussischen Aktivisten angestrebten Volksaufstandes gegen die ukrainische Herrschaft im gesamten sogenannten »Neurussland« (Noworossija), der in dem gewünschten Ausmaß nicht zustande gekommen ist. Der Terminus »Neurussland« ist alt; er stammt aus dem 18. Jahrhundert, als das russische Imperium unter Katharina II. und ihren Nachfolgern die nördliche Schwarzmeerküste von der osmanischen Türkei eroberte. In der Verwendung des Begriffs durch die heutigen Ideologen umfasst er den ganzen Osten und Süden der Ukraine von Charkiw im Norden über Donezk und Lugansk im Osten, die Gebiete Cherson, Mykolajiw und Odessa an der Schwarzmeerküste und die im Inland gelegenen wichtigen Industriebezirke von Dnipropetrowsk und Zaporizzhja. Gescheitert ist dieser »große« Aufstand zum einen daran, dass die Kiewer Regierung nach dem Verlust der Krim relativ schnell mit allen ihr zu Gebote stehenden Mitteln bestrebt war, die Kontrolle über diese Gebiete zu halten. Dazu wurden Oligarchen zu Gouverneuren gemacht, wie der in Dnipropetrowsk tätige Igor Kolomojskij, Sergej Taruta für die Reste des Bezirks Donezk oder Igor Baluta in Charkiw. Sie bekamen die Aufgabe, unter Einsatz auch eigener Mittel die Situation im Kiewer Sinne unter Kontrolle zu bringen, und sie haben diese Aufgabe kurzfristig gelöst. Sie bedienen sich dabei für das »Grobe« brutalitätserfahrener Hilfstruppen: der vom Kiewer Maidan berüchtigte »Rechte Sektor« verlegte seinen Hauptsitz nach Dnipropetrowsk und unterstützt Kolomojskij bei der Säuberung der regionalen Führungsschichten von Sympathisanten Janukowytschs und der »Partei der Regionen«. Ähnlich wirkt Baluta in Charkiw, hier tritt vor allem das aus örtlichen Faschisten rekrutierte Freiwilligenbataillon »Asow« – erkennbar an der Wolfsangel auf gelbem Grund als Truppenfahne – als Frontorganisation auf. Faschisten aus Charkiw waren auch maßgeblich an dem

Pogrom von Odessa am 2. Mai beteiligt, bei dem nach offiziellen Zahlen 48, nach inoffiziellen weit über 100 »Separatisten« einen grausamen Feuertod starben oder totgeprügelt wurden. Der Pogrom hatte zur Folge, dass sich die politisch aktiven Gegner Kiews aus der traditionell völlig nationalismusfreien Hafenstadt Odessa aus Furcht vor Verfolgung weitgehend auf die Krim oder nach Russland abgesetzt haben und die örtliche Linke im Moment gelähmt wirkt.

Trotzdem wäre es falsch, den Misserfolg des »Neurussland«-Projekts nur der Repression der Gegenseite zuzuschreiben. Die Parole eines Anschlusses an Russland hat in der Bevölkerung des ukrainischen Südens und Ostens offenbar bei weitem nicht in demselben Maße gezündet wie auf der Krim mit ihrer russischen Bevölkerungsmehrheit. Umfragen vom Frühjahr 2014 haben für die Option eines Anschlusses an Russland im Donbass nur Anteile von etwa 30 Prozent der Bevölkerung ergeben; in den übrigen angepeilten Regionen waren sie noch geringer.

Dies mag für praktizierende Nationalisten enttäuschend sein, aber es ist erklärbar. Zwanzig Jahre staatlicher Unabhängigkeit haben in der Ukraine eine Generation heranwachsen lassen, die sich, nachdem sie als Ukrainer geboren wurden, auch als solche fühlen – und jedenfalls nicht zwangsläufig als jene Auslandsrussen, als die sie von der russischen Propaganda in Anspruch genommen werden. Ein bloggender russischer Intellektueller, der im Sommer 2014 bei den Aufständischen kämpfte, machte die Beobachtung, dass die einheimischen Freiwilligen fast alle älter als 40 Jahre seien – also noch zu sowjetischen Zeiten sozialisiert wurden. Aufständische aus der jüngeren Generation dagegen seien die große Ausnahme. Auch die Bewohner der Aufstandsregion, die in russischen Fernsehsendern als Gewährsleute auftreten, gehören überwiegend der Altersgruppe über 40 an. Dagegen stützt sich die »proukrainische« Szene im Donbass – soweit sie in den Kiewer Medien zu Wort kommt – offenbar vorwiegend auf die jüngere Generation. Auch dies deckt sich mit Klagen russischer Autoren darüber, dass die Ukraine die durch ihr Bildungswesen sozialisierte Generation »der russischen Welt entfremdet« habe.

Insofern gleichen die »Volksrepubliken« der Ukrainischen Sowjetrepublik in ihrer Frühphase: als Ad-hoc-Gründungen, die sich über das, was sie mit der ihnen zugefallenen Unabhängigkeit von Kiew anfangen sollen, erst noch klar werden müssen. Bezeichnenderweise hat die Volksrepublik Donezk nach dem zweiten Minsker Waffenstillstand vom 5. September 2014 einen Planungsstab ins Leben gerufen, der sich Gedanken über den künftigen Wirtschafts- und Staatsaufbau machen soll. Auch im Führungspersonal der Volksrepubliken gibt es offenbar mehrere Richtungen und Milieus: erstens die auf den ersten Blick Sympathischsten, antioligarchische lokale Aktivisten, die Hoffnungen auf einen auch sozioökonomischen Neuanfang hegen – ohne zu wissen, wie diese Gesellschaftsformation aussehen soll und wie sie in einer zerstörten Region aufgebaut werden könnte. Zweitens großrussische Nationalisten, die von der Vereinigung mit dem russischen Mutterland und von der zweiten Offensive auf Odessa träumen. Drittens die alten Kader Janukowytschs, die wahrscheinlich am ehesten für einen wie auch immer faulen Kompromiss mit Kiew zu haben wären und nach etlichen Anzeichen vom Kreml unterstützt werden. Zu ihnen zählt der Politiker Oleg Zarjow, der vor 2014 ein Aktivist der »Partei der Regionen« war, der aber wegen seiner oligarchischen Verbindungen bei Teilen der Aufständischen verhasst ist. Vertreter aller drei Richtungen tauschen in kurzen Abständen die Positionen und Ämter, verschwinden für eine Weile aus der Öffentlichkeit und tauchen wieder auf, ohne dass im Herbst 2014 ein regelhaftes Muster dieser Rotationen zu erkennen wäre. Einige Politiker der Volksrepubliken, die allzu enge Verbindungen nach Moskau aufwiesen, sind inzwischen offenbar wieder abgezogen worden, so der fähige Militärführer Girkin/Strelkow und der zeitweilige Sicherheitsminister der VRD, Wladimir Antjufejew. Und schließlich gibt es allerhand dubiose Figuren, die in einer Zeit aufgebrochener staatlicher Strukturen offenbar auf eigene Rechnung mit bewaffneten Kumpanen ihren Geschäften nachgehen. Sie zu bekämpfen, hat die derzeitige Führung der Volksrepublik Donezk als wichtigste Aufgabe nach dem Sieg über die ukrainischen Truppen bezeichnet. Dass es nicht die einfachste wird, liegt auf der Hand.

Ausblick

Zehn Monate nach dem Beginn des Euromaidan und sieben nach dem Machtwechsel in Kiew ist die Bilanz des Umbruchs zwiespältig. Kein Zweifel, die Ukraine segelt derzeit auf Westkurs. Das Assoziierungsabkommen mit der EU ist ratifiziert, die Übergangsregierung hat noch schnell die Klausel aus der Verfassung streichen lassen, in der der blockfreie Status des Landes festgeschrieben war. Bei den vorgezogenen Parlamentswahlen am 26. Oktober 2014 schließlich erhielten die »proeuropäischen« Kräfte eine komfortable Mehrheit. Sie wird dadurch potenziert, dass die Krim und der aufständische Teil des Donbass als Hochburgen der kritisch zum Euromaidan stehenden politischen Option an den Wahlen nicht teilgenommen haben. Auch wenn das Wahlergebnis die »prowestliche« Option wahrscheinlich in ihrer Stärke überzeichnet, ihr Sieg ist nicht wegzudiskutieren. Der Regime Change ist geglückt. Fürs erste. Und nicht mehr.

Aber mehr ist ja auch nicht die Absicht eines solchen Manövers. Die Hoffnung, dass die Ukraine ein »normales europäisches Land« wird, nur weil der Präsident jetzt Poroschenko heißt (die Bewohner des Ostens verballhornen den Namen gehässig zu »Potroschenko«, was »Ausweider« bedeutet), mag die Propaganda der Kiewer Regierung noch eine Weile am Leben zu halten suchen; die Realität sieht anders aus. Maidan-Aktivisten beklagen sich in der Presse konstant darüber, dass hier ein alter Bürokrat aus Janukowitschs Zeiten in seinem Amt bestätigt wird und dort ein anderer. Auch die Verabschiedung eines »Lustrations«-Gesetzes zur Entfernung von Janukowytsch-Anhängern aus dem öffentlichen Dienst zehn Tage vor der Parlamentswahl hat hieran nichts geändert. Wie sehr diese Vorwürfe im einzelnen berechtigt sind, ist eine andere Frage und muss uns hier nicht im Detail interessieren; entscheidend ist, wie die Aktivisten des Regimewechsels das eigene Land wahrnehmen: »Haben wir dafür gekämpft?«.

Die Außenwahrnehmung der Ukraine ist auch nicht übermäßig optimistisch. In dem offiziösen Informationsdienst »Ukraine-Analysen«, der an der Universität Bremen erstellt wird, werden die Chancen für eine Reform des Landes an Haupt und Gliedern infolge des politischen Wechsels sehr zurückhaltend beurteilt: »Die gegenwärtigen politischen und wirtschaftlichen Eliten der Ukraine unterstützen die durch das Assoziierungsabkommen vorgesehene Anpassung an das EU-Regelwerk … lediglich rhetorisch und haben bestenfalls ein Interesse an einer selektiven Implementierung«[84]. Denn, so die Autorin weiter: »Der Großteil der ukrainischen Beamten hat die Übernahme EU-konformer Gesetze in der Vergangenheit blockiert … [Sie] fürchten als Konsequenz des Regeltransfers … den Verlust ordnungspolitischer Macht und den damit einhergehenden Verlust von Einkünften aus korrupten Praktiken.«[85]

Ein Anzeichen dafür, dass die EU die »europäischen Perspektiven« ihres neuen Klientelstaates im Osten sehr perspektivisch behandelt, ist auch die kühle

Nichtbeachtung, die der ukrainische Wunsch, einen EU-Beitritt in Aussicht gestellt zu bekommen, im politischen Brüssel fand. Niemand ging auf die entsprechende Resolution, die das Kiewer Parlament im Anschluß an die Ratifizierung des Assoziierungsabkommens einstimmig verabschiedete, oder die Äußerung Poroschenkos einige Tage später ein, er wolle das Land bis 2020 fit machen, einen Beitrittsantrag zu stellen[86]. Schon vorher hatte Elmar Brok (CDU), Vorsitzender des außenpolitischen Ausschusses des Europaparlaments, gegenüber der »ukrainskaja pravda«, einem prowestlichen Nachrichtenportal aus Kiew, Hoffnungen auf offene Türen in Brüssel gedämpft. Die Ukraine solle sich keine unrealistischen Ziele setzen; diesen Fehler habe die Türkei gemacht, die nun schon seit 30 Jahren ergebnislos über eine Mitgliedschaft in der EU verhandle[87]. Brok überging diskret, wer dafür verantwortlich ist, dass diese Gespräche mit der Türkei so lange ergebnislos geblieben sind: die EU-Seite, insbesondere seine eigene »Europäische Volkspartei«. Aber klar ist, wer hier Bedingungen stellt und wer zu liefern hat. Kennzeichnend für die Stimmung in Brüssel ist auch, dass die neue EU-Kommission den Posten des Erweiterungskommissars schlicht und einfach gestrichen hat. Der symbolische Sieg in der »Integrationskonkurrenz« mit Rußland scheint der EU fürs erste zu genügen. Die schlechten Erfahrungen, die die EU mit der übereilten und aus geopolitischen Motiven – um Russland vom Balkan fernzuhalten – vollzogenen Aufnahme von Rumänien und Bulgarien gemacht hat, mögen hier zu vorsichtigerem Vorgehen geraten haben.

Auch die polnischen Freunde des Maidan haben nach der Ratifizierung des Assoziierungsabkommens einen Gang zurückgeschaltet. Die neue Ministerpräsidentin und Tusk-Nachfolgerin Ewa Kopacz sprach sich für eine »pragmatische« Ukrainepolitik aus und machte deutlich, sie sei verantwortlich für die Polen und nicht für die Bürger anderer Länder. Der polnische Präsident Bronisław Komorowski dementierte wenig später unaufgefordert die Vorstellung, jemand werde »die Ukraine huckepack nach Europa tragen«. Während eine Zeitlang in Warschau schon das Geld gezählt wurde, das das Land durch den Verkauf von Waffen an die ukrainische Armee verdienen könne, wird zuletzt öffentlich die Frage diskutiert, ob die Ukraine überhaupt in der Lage wäre, solche Lieferungen zu bezahlen.

In der Tat ist die Wirtschaft die größte Achillesferse des Landes. Der Bürgerkrieg hat die ukrainische Volkswirtschaft erstens in stofflicher Hinsicht zerrüttet. 80 Prozent der Bergwerke des Donbass hatten Anfang Oktober den Betrieb eingestellt; der wie seit dem späten 19. Jahrhundert auf der Verbindung der Kohle des Donbass mit dem Eisenerz aus Krwyj Rih (Kriwoj Rog) beruhende schwerindustrielle Komplex der Südostukraine ist durch die Frontlinie des Bürgerkriegs zerschnitten. Die Industrieproduktion brach während der »Antiterroroperation« der Regierungstruppen von Juli auf August 2014 um mehr als 20 Prozent ein, und das im Landesmaßstab – für das Donbass allein sind die Einbußen wesentlich höher. Die Kosten für den Wiederaufbau sind noch gar nicht zu kalkulieren, weil die Zerstörungen noch nicht genau erfasst sind. Praktisch die ganze Infrastruktur muss wiederhergestellt werden – von den Stauseen und Trinkwasserkanälen über Kraftwerke bis zu Straßenbrücken und Eisenbahnlinien. 340 000 Bewohner des Donbass sind ins Ausland geflohen, überwiegend nach Rußland, weitere 257 000 haben in anderen Teilen der Ukraine Zuflucht gesucht[88], wo sie nicht immer willkommen sind.

Der ukrainische Export nach Russland ist durch den Krieg weitgehend zum Erliegen gekommen. Das ist besonders bitter für die Ukraine, weil ihre Handelsströme zwar vor dem Ausbruch des Konflikts gegenüber Russland und gegenüber der EU in Geld beziffert ungefähr gleiche Größenordnungen erreicht hatten, aber von sehr unterschiedlicher Struktur waren. Der ukrainische Export in die EU setzt sich überwiegend aus niedrig veredelten Produkten wie Stahl, Düngemitteln und Basischemikalien zusammen, das Land spielt die Rolle eines Lieferanten von Vorprodukten und Rohstoffen – ein quasikoloniales Verhältnis. Versuche der »proeuropäischen« ukrainischen Medien, dies zu negieren, balancieren am Rande der unfreiwilligen Komik. So meldete die »ukrainskaja pravda« Ende Oktober geradezu trotzig, dass aus Zhitomir westlich von Kiew zehn Prozent der – Bügelbretter für den europäischen Markt kämen, gefertigt kennzeichnenderweise von der Tochtergesellschaft eines westeuropäischen Unternehmens[89]. Dagegen ging der mit hoher Wertschöpfung verbundene ukrainische Export aus den Branchen Luft- und Raumfahrt, Militär und Maschinenbau ganz überwiegend nach Russland. Moskau hat unter dem Eindruck ukrainischer Liefersperren für Zulieferungen für die Rüstungsindustrie begonnen, seine rhetorisch schon seit 1991 verkündete Parole, sich von Importen aus der Ukraine unabhängig zu machen, in die Tat umzusetzen. Was über 20 Jahre lang schleifen gelassen wurde – offenbar auch in der Hoffnung, durch die Sicherung industrieller Arbeitsplätze Loyalität bei wenigstens den regionalen Eliten und der Bevölkerung in den begünstigten Regionen zu kaufen –, soll jetzt innerhalb von drei bis fünf Jahren nachgeholt werden. Gewiss ist mit diesen Ankündigungen nicht gesagt, dass die Importsubstitution Erfolg hat; aber auszuschließen ist es nicht. Russland hat in Krisensituationen und unter äußerem Druck schon oft seine Fähigkeit bewiesen, seine Ressourcen in erstaunlichem Maße zu mobilisieren; die ganze sowjetische Modernisierung und die Verteidigungsanstrengungen im Zweiten Weltkrieg sind Beispiele dafür. Wenn sich diese Perspektive bewahrheitet, sieht es schlecht aus für den Industriestandort Ukraine.

Auch nach der fiskalischen Seite ist der Krieg die Ukraine teuer zu stehen gekommen; nach offiziellen Angaben der Regierung kostete jeder Tag den Staatshaushalt 5 Millionen US-Dollar, das machte von April bis September rund eine Milliarde aus. Jetzt soll noch aus dem Stand die 2000 Kilometer lange Grenze zu Rußland mit Gräben, Wachtürmen und Elektronik befestigt werden. Zur Finanzierung ist den Kiewer Machthabern bisher nichts Besseres eingefallen als den Gedanken zu lancieren, jeder ukrainische Millionär solle gefälligst einen Kilometer davon aus eigener Tasche finanzieren, quasi als informelle Steuernachzahlung – eine sehr ukrainische Konstruktion. Die Landeswährung Hryvnja hat gegenüber Euro und Dollar zwischen Januar und September 2014 rund 60 Prozent ihres Wertes eingebüßt, und Volkswirte sind sehr skeptisch, ob die Krise damit »eingepreist« ist und sich Aussichten auf ein Ende der Talfahrt ergeben.

Schon die Abwertung der Landeswährung ist ein Schlag gegen den Lebensstandard der ukrainischen Bevölkerung, weil sie alles Importierte entsprechend verteuert; die als Gegenleistung für Darlehen westlicher Kreditgeber geforderten »Strukturreformen« nehmen die Einkommen gleichzeitig von der Seite der staatlich administrierten Preise in die Zange. So ist Kaltwasser innerhalb weniger Monate um 130 Prozent teurer geworden, Warmwasser um 70, Mieten und Heizung um jeweils 90 Prozent, Eisenbahnfahrkarten immer noch um 30. Ökonomen des Internationalen Währungsfonds wollen herausgefunden haben, dass den Ukrainern gemessen an ihrer Produktivität allenfalls ein Lebensstandard wie in Ägypten zustehe. Man sieht: die Mitgliedschaft in der westlichen Völkerfamilie ist nicht umsonst zu haben.

Unter diesen Rahmenbedingungen ist es naheliegend, dass Präsident Poroschenko die erste Nach-Maidan-Parlamentswahl so früh wie möglich angesetzt hat. Es ging dabei erkennbar darum, die nationale Begeisterung zu nutzen, bevor sie angesichts eines möglicherweise kalten Winters in

Resignation oder sogar Gegnerschaft zu den neuen Machthabern umschlägt. Die Rolle des Wetterfaktors bestätigte Poroschenko höchstpersönlich, als er wenige Tage vor dem Wahltermin angesichts eines angekündigten Kälteeinbruchs völlig abseits seiner verfassungsmäßigen Kompetenzen anordnete, in den ukrainischen Mietskasernen mit dem Heizen zu beginnen, obwohl der Beginn der Heizperiode ursprünglich aus Ersparnisgründen auf Anfang November verlegt worden war[90]. Die Wahl am 26. Oktober 2014 hat ein Parlament hervorgebracht, in dem Poroschenko den linken Flügel verkörpert, während alle anderen Parteien bis auf eine ihn von rechts kritisieren und sich in Nationalismus überbieten. Jeder Versuch, das Verhältnis zu Rußland auf eine[91] auch nur geschäftsmäßige Grundlage zu stellen, wird von dieser Seite mit Verratsvorwürfen begleitet werden.

Die Unzufriedenheit der Nationalisten entzündet sich dabei grundsätzlich an zwei Punkten: erstens die Beobachtung, dass der Euromaidan die Oligarchie nicht entmachtet, sondern nur den einen Clan durch andere Gruppierungen ersetzt hat. Zweiter Kritikpunkt ist die Erfolglosigkeit der »Antiterroroperation« in der Südostukraine, gemessen an den Zielen, die sich die Führung selbst gesetzt hatte. Von der Rückeroberung der Rebellengebiete innerhalb weniger Wochen, nach der es noch im Juli aussah, ist nichts mehr übriggeblieben. Die ukrainischen Truppen, die geplant hatten, das Aufstandsgebiet in einer Zangenbewegung parallel zur russischen Grenze zu umfassen und auszuhungern, wurden an der Südflanke selbst eingekesselt und erlitten schwere

Verluste an Menschen und Material. Dass diese Verluste in besonderem Maße die rechten Freiwilligenbataillone wie »Donbass« und »Asow« trafen, hat in diesen Kreisen Anlass zu dem Verdacht bewusster Sabotage gegeben. Man unterstellt der Kiewer Regierung, die Freiwilligen bewusst verheizt zu haben, um sich ihrer mit Blick auf die innenpolitische Auseinandersetzung der Nachkriegszeit zu entledigen. Semjon Semjontschenko, der wohl intelligenteste und durch seine regelmäßigen Facebook-Postings medial präsenteste der rechten Warlords, hat alle Pläne, nach einem Ende der Kämpfe sein Bataillon »Donbass« etwa aufzulösen, mit der kühlen Ankündigung quittiert, dann würden seine Leute zum Partisanenkampf übergehen[92]. Die Frage ist, gegen wen. Die Regierung Poroschenko kann sich also nicht einmal des staatlichen Gewaltmonopols sicher sein, zumal der Rechte Sektor und etliche Freiwilligenbataillone von Oligarchen wie Igor Kolomojskij finanziert werden und damit grundsätzlich als deren Privatarmeen fungieren können. Kolomojskij, der als Gouverneur von Dnipropetrowsk amtiert, hat offen gesagt, dass er den Waffenstillstand allenfalls vorübergehend anerkennen will. Spätestens im Frühjahr müsse es einen neuen militärischen Angriff auf die abtrünnigen Gebiete im Südosten des Landes geben[93].

Ob der militärische Fehlschlag, wie in Kiew dargestellt wird, daran gelegen hat, dass den Aufständischen reguläre russische Truppen zu Hilfe gekommen seien – die freilich niemand außer den Kiewer Propagandisten in organisierten Einheiten gesichtet hat, selbst die NATO konnte keine Satellitenbilder vorlegen –, ob es an der höheren Motivation der Aufständischen, der schlechten der Regierungstruppen oder an einer Kombination aller dieser Faktoren liegt, ändert nichts an der Tatsache selbst. Dass es über den Winter eine größere Offensive der Regierungsstreitkräfte geben wird, gilt unter Experten als zweifelhaft; eher dürften die Auseinandersetzungen den Charakter lokaler Scharmützel annehmen, wie es sich im Laufe des ersten Monats nach der Vereinbarung des zweiten Minsker Waffenstillstands am 5. September 2014 herausgebildet hat. Es fehlt den Truppen beider Seiten an Winterausrüstung, und die Volkswirtschaft des Landes dürfte den Winter über hauptsächlich damit beschäftigt sein, die kalte Jahreszeit zu überstehen, ohne dass die Wasserleitungen in den Wohnungen einfrieren.

Ob das gelingt, hängt entscheidend davon ab, ob die Ukraine sich doch noch entscheidet, ihre bis zum Herbst 2014 auf gut 5 Milliarden US-Dollar angewachsenen Gasschulden gegenüber Russland zu bezahlen – oder sie sich von westlichen Förderern bezahlen zu lassen. Zwar hat Kiew die russische Seite vor einem internationalen Schiedsgericht in Stockholm auf Preisreduzierung verklagt, aber ein solches Verfahren lässt sich von der russischen Seite mit Leichtigkeit in die Länge ziehen – überdies ist sein Ausgang ungewiss. Ohne eine wenigstens teilweise Zahlung aber ist Russland nicht bereit, die im Juni unterbrochenen Lieferungen wieder aufzunehmen. Gleichzeitig hat der Gasprom-Konzern seine Lieferungen in die westlichen Nachbarländer

der Ukraine reduziert, um zu verhindern, dass die russisches Gas abzweigen und es in die Ukraine zurückpumpen. Eine Analyse der »Deutschen Beratungsgruppe Wirtschaft«, die seit vielen Jahren der ukrainischen Regierung Hinweise zum korrekten Marktwirtschaften gibt, kam im Sommer 2014 zu dem Ergebnis, dass ohne eine Verbrauchsreduzierung um mindestens 20 Prozent plus sogenannten Reverse-Flow-Lieferungen aus Polen, Ungarn und der Slowakei die Gasvorräte der Ukraine maximal bis zum Februar reichen würden[94]. Nicht alle der anvisierten Nachbarstaaten aber sind willens, ihr Verhältnis zum eigenen Hauptlieferanten für Energieträger zu strapazieren, um die Ukraine zu unterstützen. So setzte wenige Tage nach einem Gespräch zwischen Ungarns Premierminister Viktor Orbán und Gasprom-Chef Aleksej Miller der ungarische Gasversorger die »Reverse-Flow«-Lieferungen an die Ukraine aus »technischen Gründen« bis auf weiteres aus[95]. Ob ein Anfang Oktober in Kiew bekanntgegebenes Gasgeschäft der Ukraine mit dem norwegischen Versorger Statoil mehr ist als Durchhaltepropaganda, muss sich im Laufe des Winters zeigen.

Russland ist gleichwohl der große Verlierer der Auseinandersetzung des Jahres 2014 um die geopolitische Ausrichtung der Ukraine. Auch wenn nach der gescheiterten Sommeroffensive und angesichts der angeschlagenen Wirtschaft des Landes die Bäume der NATO- und EU-Fans in Kiew nicht in den Himmel wachsen können, bleibt es eine Tatsache, dass an einer entscheidenden Stelle der russischen

Peripherie eine prowestliche Regierung installiert werden konnte, die vermutlich bei den Wahlen im Oktober 2014 von der Bevölkerung bestätigt werden wird. Erstmals in der Geschichte der ukrainischen Unabhängigkeit überwiegen in der ukrainischen Bevölkerung die negativen Einstellungen gegenüber dem östlichen Nachbarland; die »prorussische« Partei mag noch vorhanden sein, aber sie ist zumindest eingeschüchtert und hält sich in ihrem öffentlichen Auftreten entsprechend bedeckt. Friedensdemonstrationen in den Metropolen der russischsprachigen Ostukraine haben sich zwar im Herbst gemehrt, aber ihre Teilnehmerzahlen blieben überschaubar. Die Kiewer Propaganda, die jede Kritik an der »Antiterroroperation« als selbst »separatistisch« und von Moskau gesteuert darstellt, tut offenbar ebenso ihre Wirkung, wie die strafrechtlichen Sanktionen; selbst wer nur verbal die »Einheit« der Ukraine in Frage stellt, riskiert mehrjährige Haftstrafen.

Insofern haben die Kämpfe des Sommers 2014 die Ukraine, wie es scheint, tatsächlich »geeint«; die Frage ist, in welcher Gestalt. Denn ob es noch einmal zu einer »Wiedervereinigung« der Ukraine mit den abtrünnigen Regionen in den Bezirken Donezk und Luhansk kommen kann, scheint zweifelhaft. Die Ereignisse haben zu einer politischen Entmischung der Ukraine geführt, und zwar nicht an der häufig zitierten Dnjepr-Linie, sondern auch innerhalb der russischsprachigen Regionen. Man sollte nicht übersehen, dass vom »Rechten Sektor« auf dem Maidan bis zu den Angehörigen der Freiwilligenbataillone starke Anteile der Mitgliedschaft – geschätzt werden

30 bis 40 Prozent – russischsprachige Ukrainer sind. Der bereits erwähnte Semjon Semjontschenko ist ein gebürtiger Donezker, sein Kollege Andryj Bilezkyj (russisch: Andrej Belezkij), der das noch berüchtigtere Bataillon »Asow« kommandiert, kommt aus Charkiw und hat nach eigenen Aussagen in mehrjähriger Agitationsarbeit die dortige Skinhead- und »Ultra«-Szene vom russischen zum ukrainischen Nationalismus umgepolt. Die Folgen waren am 2. Mai 2014 in Odessa zu sehen: ein erheblicher Teil der rechten Schläger und Mordbrenner kam nach Aussage örtlicher Aktivisten in der Tarnung von Fans des dortigen Clubs »Metallist« aus Charkiw.

Mit der Übernahme der Krim ins eigene Land hat Russland einen Pyrrhussieg errungen, denn die Krim war auch seine stärkste Lobby in der Ukraine. Dasselbe gilt für das Donbass. Je stärker sich die Aufstandsgebiete von der Ukraine abkapseln und auf ihrer Unabhängigkeit beharren, desto weniger kann Moskau sie nutzen, um in einer »föderalisierten« Ukraine über den Hebel dieser Gebiete Einfluss in Kiew auszuüben. Russland steht also der Schritt bevor, die in es gesetzten Hoffnungen der Bevölkerung des Donbass, die es während des »Russischen Frühlings« mit der Krim-Übernahme selbst geweckt hat, brutal zu enttäuschen – mit unabsehbaren politischen Rückwirkungen auch in Russland selbst. Alle anderen Optionen sind aus Moskauer Sicht gleichermaßen unbefriedigend: Ein direkter Anschluss des Aufstandsgebietes an die Russländische Föderation würde nicht nur weiteren internationalen Konfliktstoff bieten und brächte weder wirtschaftlich noch strategisch entscheidende Vorteile, nicht einmal einen Landzugang auf die Krim. Dafür wäre diese Option mit hohen Kosten verbunden, weil dann der Wiederaufbau der von ukrainischen Truppen zerstörten Infrastruktur des Donbass aus dem russländischen Haushalt bezahlt werden müsste. Nicht anders wären die Konsequenzen, wenn das Donbass ähnlich wie Transnistrien zum Schauplatz eines »eingefrorenen Konflikts« würde.

Ob sich die selbstausgerufenen »Volksrepubliken« Donezk und Lugansk in solche Moskauer Kalkulationen widerstandslos einbinden ließen, ist bei aller gegebenen Abhängigkeit von russischen Hilfslieferungen und Geldspritzen völlig offen. Ihre Führung ist untereinander offensichtlich uneins, wie es weitergehen soll, und die handelnden Personen wechseln häufig. Erst im September hat die Führung der Volksrepublik Donezk eine Art strategisches Beratungsgremium gegründet, um sich über die Perspektiven des eigenen Staatswesens klar zu werden. Selbst eine militärisch zweckmäßige Entscheidung wie die Etablierung eines einheitlichen Oberkommandos ist in dem halben Jahr Bürgerkrieg trotz mehrfacher Anläufe nicht zustande gekommen; dahinter stehen offenbar eng mit Moskau verbundene Politiker wie Oleg Zarjow. Vermutlich will Moskau verhindern, dass die »Partei des Krieges« in den Volksrepubliken zu stark wird, auf eigene Faust losschlägt und Fakten schafft, die die Kreise Russlands stören.

Russland hat im Zuge der Auseinandersetzung mehrfach signalisiert, dass sein Hauptziel inzwischen nicht mehr eine Föderalisierung der Ukraine ist, sondern nur noch die Erhaltung ihres blockfreien Status. Diese Minimalforderung ist aus russländischer Sicht nur allzu nachvollziehbar; würde doch eine weitere Annäherung der Ukraine an die NATO oder auch – was derzeit wahrscheinlicher sein dürfte, weil keine europäischen Bündnispartner ein Vetorecht hätten – ein bilaterales Bündnis Kiews mit den USA bedeuten, dass die strategische Situation des Frühjahrs 1943 wiederhergestellt wäre, als die deutsche Wehrmacht zwar von der Wolga und vom Kaukasus zurückgedrängt war, aber noch die ganze Ukraine besetzt hielt. Angesichts der neuen militärtechnischen Möglichkeiten wäre diese Situation für Russland de facto noch deutlich bedrohlicher – die Entfernung von Charkiw nach Moskau beträgt Luftlinie etwa 650 Kilometer – für Flugzeuge 20 Minuten, für Raketen eine Sache von Minuten.

Moskau hat in der Ukraine-Frage aus naheliegenden Gründen mit hohem Einsatz gespielt und – man muss es so sagen – zumindest kurzfristig einen Abschreckungserfolg erzielt. Er beruhte auf der strategischen Einschätzung, dass die Ukraine für die USA letztlich nicht von so entscheidender Bedeutung ist wie für Russland. US-Präsident Obama hat so auch mehrfach erklärt, dass ein direktes militärisches Engagement der USA in der Ukraine nicht in Frage komme[96]. Das schließt weder die Entfesselung eines Wirtschaftskrieges etwa durch das Heruntermanipulieren des Ölpreises, an dem der russische Staatshaushalt hängt, noch Waffen- und Ausbildungshilfe für das ukrainische Militär und andere bewaffnete

Strukturen aus; Semjon Semjontschenko war im September in Washington und hat nach eigener Mitteilung vereinbart, dass seine Kämpfer ab sofort von beurlaubten Angehörigen der US-Spezialeinheiten wie Navy Seals oder Delta Force ausgebildet werden[97]. Ein Schmankerl am Rande: Russländische Darstellungen, dass im Donbass als Freiwillige kämpfende russische Militärs beurlaubt seien, hat die öffentliche Meinung des Westens durchweg mit Hohngelächter quittiert und sofort als faule Ausrede durchschaut; hier soll man die Fiktion dagegen glauben.

Zurück zur Hauptsache. Zusammen mit der schon zitierten Äußerung Semjontschenkos über die Option, zum Partisanenkrieg überzugehen[98], deutet dies jedenfalls auf ein Szenario langfristiger Destabilisierung des Donbass durch eine »Kriegführung niedriger Intensität« hin. Parallel dazu versuchen die USA offenbar, die Krimtataren als Unruheherd zu aktivieren; im April 2014 begann ihr Propagandasender »Radio Liberty« mit der Ausstrahlung eines Programms auf Krimtatarisch, was man den ganzen Kalten Krieg über nicht für erforderlich gehalten hatte. Gleichzeitig ist Washington angesichts des Siegeszugs des »Islamischen Staates« im Nahen Osten kurzfristig mit dringenderen Weltordnungsaufgaben beschäftigt und vermutlich auch im schlicht militärischen Sinne ausgelastet.

Zwar bindet die strategische Entscheidung Obamas, die Ukraine-Krise nicht bis zum letzten zu eskalieren, seinen vermutlich republikanischen Nachfolger nicht. Andererseits hinterlässt ihm Obama, wenn er 2016 seine zweite Amtszeit absolviert haben wird, voraussichtlich ein geostrategisches Sprungbrett im Süden Osteuropas und einen jederzeit eskalierbaren Regionalkonflikt. Die Strategie der USA ist ohnehin, wie es scheint, unbescheidener: Es geht darum, durch die Wirtschaftssanktionen Unzufriedenheit in der russländischen Gesellschaft zu schüren und so Voraussetzungen für einen »Regime Change« auch in Moskau zu schaffen. Ob das gelingt, ist eine weitgehend offene Frage, wozu es führen würde, erst recht. Der als CIA-nah geltende US-Analysedienst Stratfor warnte im Juli 2014 seine Leserschaft vor voreiligen Hoffnungen: »Wer glaubt, Putin sei der aggressivste und repressivste russische Führer, den man sich vorstellen könnte, sollte sich darüber klar sein, dass dies überhaupt nicht ausgemacht ist. Lenin war zum Beispiel furchterregend, aber Stalin war wesentlich schlimmer. So könnte es auch noch einmal eine Zeit geben, in der sich die Welt an die Regierungszeit Putins als eine Periode der Liberalität erinnert«[99].

Und die Ukraine? »Schtsche ne merla«, noch ist sie nicht gestorben, wie es in ihrer Nationalhymne heißt. Aber ob sie infolge des Regimewechsels auflebt, ist völlig unklar. Es ist auch im 21. Jahrhundert nicht leicht, Grenzland rivalisierender Großmächte zu sein.

Anmerkungen

1 http://www.historisches-lexikon-bayerns.de/artikel/
   artikel_44452#5, Abruf: 23.8.2014.

2 Romanowski, Wiesław: Bandera – terrorysta z Galicji,
   Warszawa 2012, S. 60.

3 Die drei Sprachformen sind in dieser Reihenfolge
   deutsch, ukrainisch und polnisch. Auf Russisch käme
   noch die Bezeichnung Lvov hinzu. Im Folgenden wird
   die Eigenbezeichnung der Ukraine gebraucht.

4 Nach http://www.kresy.pl/kresopedia,historia,miedzy-
   wojnie?zobacz/polityka-ii-rzeczypospolitej-wobec-uk-
   raincow-1# waren etwa von den 312000 Einwohnern
   der Provinzhauptstadt Lwiw nur etwa 50000 Ukrainer.
   (Abruf 23.8.14).

5 Im dritten Teil ihrer »Russischen Revolution«, vgl. http://
   www.marxists.org/deutsch/archiv/luxemburg/1918/
   russrev/teil3.htm (Abruf 23.8.2014).

6 Hruschewskyj, Michael: Die ukrainische Frage in histori-
   scher Entwicklung, Wien 1915, S. 41. Online lesbar unter
   https://archive.org/stream/dieukrainischefr00hrus#pa-
   ge/n1/mode/2up (Abruf: 25.9.14).

7 Bulgakow, Michail: Die weiße Garde, Berlin 1992, S. 51.

8 Punkt 13; vgl. http://de.wikipedia.org/wiki/14-Punk-
   te-Programm (Abruf 23.8.2014).

9 Ebda., Punkt 10.

10 http://pl.wikipedia.org/wiki/Ukrai%C5%84cy_w_Pol-
    sce; die deutsche Seite http://de.wikipedia.org/wiki/
    Zweite_Polnische_Republik#Minderheitenpolitik gibt 3,4
    Millionen an; die von Veteranen der polnischen Ostgebie-
    te betreute Seite http://www.kresy.pl/kresopedia,his-
    toria,miedzywojnie?zobacz/polityka-ii-rzeczypospoli-
    tej-wobec-ukraincow-1# spricht von 4,5–5,4 Millionen.
    (Abrufe 23.8.2014).

11 http://de.wikipedia.org/wiki/Zweite_Polnische_Repu-
    blik#Minderheitenpolitik (Abruf 23.8.2014).

12 http://avalon.law.yale.edu/20th_century/ns134.asp,
    (Abruf: 23.8.2014).

13 http://pl.wikipedia.org/wiki/Ukrai%C5%84ska_Orga-
    nizacja_Wojskowa, Fn. 7 (Abruf 23.8.2014).

14 Vgl. mit vielen Einzelheiten: Golczewski, Frank: Deut-
    sche und Ukrainer 1914–1939, Paderborn u.a. (Schöningh
    Verlag) 2010.

15 Ebda., S. 546.

16 Bruder, Franziska: Den ukrainischen Staat erkämpfen
    oder sterben. Die Organisation Ukrainischer Nationa-
    listen 1929–1948, Berlin 2007, S. 35. In der Ukraine wird
    die Faschismusnähe der Nationalisten jener Zeit teils als
    zeitbedingt relativiert, teils auch geradeheraus bestritten.
    Vgl. ebda., passim.

17 Donzow übersetzte auch Texte Mussolinis und Aus-
    züge von Hitlers »Mein Kampf« ins Ukrainische und
    machte sie so rezeptionsfähig. https://www.wsws.
    org/de/articles/2014/05/23/swo1-m23.html, http://
    ukraine-nachrichten.de/skandal-rossolinski-liebe-zu-
    stand-ukrainischen-geschichtswissenschaften_3545_mei-
    nungen-analysen, (Abruf 24.8.2014).

18 http://pl.wikipedia.org/wiki/Dekalog_ukrai%C5%84-skiego_nacjonalisty (Abruf: 23.8.2014). Die Formulierung »schwerstes Verbrechen« wurde später in »gefährlichste Taten« geändert, um der polnischen Polizei die Verhaftung von Anhängern allein schon wegen dieses Bekenntnisses zu erschweren. In dieser abgemilderten Formulierung steht der Text in den meisten Dokumentationen. Ebda.

19 Bruder, a.a.O., S. 36 f. Ebenso sollten die Mitglieder auf Alkohol und Nikotin verzichten; ersteres hatte auch unmittelbare Bedeutung für die Sicherheit der Organisation, weil es eine verbreitete Praxis polnischer Polizeispitzel war, in Kneipen junge Adepten des ukrainischen Nationalismus mit Wodka zu bewirten und auszuhorchen. (Romanowski, a.a.O., S. 122) Die Forderung wird bis in die Kriegsjahre immer wieder wiederholt, scheint also in der Praxis nur bedingt befolgt worden zu sein.

20 Golczewski, a.a.O., S. 556.

21 Bruder, a.a.O., S. 32.

22 Ebda., S. 52 f., zur zahlenmäßigen Stärke der OUN S. 62.

23 Vgl. Bruder, S. 140 ff., zum Pogrom ab S. 145 und den Beitrag von Hannes Heer http://www.zeit.de/2001/26/200126_a-lemberg.xml (Abruf: 26.8.14).

24 Vgl. den zuletzt zitierten Beitrag von Hannes Heer, S. 4, sowie ausführlich: Sandkühler, Thomas, »Endlösung in Galizien«. Bonn 1996, S. 110–119., der auf S. 114 den Euphemismus »Selbstreinigungsaktion« nicht benutzt, aber offensichtlich aus demselben Dokument zitiert wie Heer.

25 Breitman, Richard/Goda, Norman J., Hitler's Shadow. Nazi War Criminals, US Intelligence, and the Cold War, o.O., 2007, S. 74. Die Veröffentlichung der National Archives in Washington, D.C. ist online abrufbarunter http://www.archives.gov/iwg/reports/hitlers-shadow.pdf (Abruf: 25.8.14).

26 http://de.wikipedia.org/wiki/14._Waffen-Grena-
dier-Division_der_SS_%28galizische_Nr._1%29 (Abruf
25.8.2014).

27 Der wesentliche Unterschied zwischen beiden Fraktionen
beruhte auf persönlichen Rivalitäten zwischen Bandera
und Melnyk, die teilweise unter den Anhängern der je-
weiligen Fraktionen noch im deutschen Exil in der Nachkriegszeit ihre Nachwirkungen hatten.

28 Hierzu mit vielen plastischen Einzelheiten Bruder, S.
153–225.

29 Kappeler, Andreas: Kleine Geschichte der Ukraine. München 1994, S. 222.

30 http://pl.wikipedia.org/wiki/Rzeź%wołyńska, (Abruf:
25.8.14). Franziska Bruder, a.a.O., S. 212, nennt »mindestens 80 bis 90 000« polnische Opfer allein in Wolhynien.
Literarisch verarbeitet wird diese Zeit in dem zu Unrecht
in Deutschland kaum rezipierten Roman von Wlodzi-
mierz Odojewski »Zasypie wszystko zawieje« (deutsch:
Katharina oder alles verwehen wird der Schnee, Berlin/
Darmstadt/Wien 1976, nur noch antiquarisch erhältlich).

31 Vgl. Anm. 22.

32 Bruder, a.a.O., S. 196 ff.

33 Das Protokoll dieses Gesprächs liegt im Bundesarchiv
Berlin-Lichterfelde, Signatur NS 19/1513.

34 Ebda., Blatt 3.

35 Bruder, a.a.O., S. 231 zitiert eine Meldung des ukrainischen Parteichefs Nikita Chruschtschow an Stalin vom
Sommer 1945, in der es heißt, dass von der Befreiung bis
zum 1.6.1945 jeweils gut 90 000 »Banditen« getötet oder
gefangen genommen worden seien.

36 http://de.wikipedia.org/wiki/Gerhard_von_Mende mit weiteren Quellenangaben (Abruf: 25.8.14).

37 Breitbach/Goda, S. 81 f.

38 Das bayrische Innenministerium, dem das Landesamt für Verfassungsschutz untersteht, hält allerdings weiterhin erhebliche Teile der Vorgänge zu Bandera, die im Bayrischen Hauptstaatsarchiv in München liegen, unter Verschluss, wie der Autor bei einer Recherche 2012 feststellen musste.

39 Ebda., S. 83.

40 Bayerisches Hauptstaatsarchiv München, Akte LKA 281: Ermittlungen gegen Stefan Popel, Blatt 17 f. Die genannte Akte fasst die Ermittlungen der Münchener Polizei wegen des Todes von Bandera mit den Ergebnissen der Ermittlungen gegen ihn wegen anderer Vorwürfe zusammen.

41 Bayerisches Hauptstaatsarchiv München, LKA 281, Blatt 32 Rückseite.

42 Der Fall machte in der Rechtswissenschaft sogar Geschichte, weil das Gericht, um den unmittelbaren Täter zu entlasten und die sowjetische Führung zu belasten, eine Unterscheidung zwischen »Täterschaft« und »Teilnahme« postulierte und für Staschynskyj nur auf Beihilfe erkannte. Diese Anwendung der gegenüber NS-Tätern verbreiteten »Gehilfen«-Rechtsprechung westdeutscher Gerichte (selbst die Auschwitztäter wurden nur wegen Beihilfe zum Mord verurteilt) auf einen Sowjetagenten wurde 1969 durch eine Änderung des StGB ausdrücklich wieder aufgegeben. Vgl. http://de.wikipedia.org/wiki/Staschinski-Fall (Abruf: 26.8.14).

43 Ebda., Vermerk Kripo München an LKA Bayern, 26.3.1968, S. 4.

44 http://rusvesna.su/news/1408978054 (Abruf: 25.8.14).

45 Zur Teilnahme von Hrynioch und Lebed' in Lwiw Bruder, 141 ff.; zu ihrer Werbung durch die US-Dienste und der folgenden langjährigen Zusammenarbeit Breitman/Goda, a.a.O., S. 85 ff.

46 Hierzu und dem Folgenden der materialreiche russische Wikipedia-Eintrag zur UPA; am einfachsten ansteuerbar über den deutschsprachigen Link http://de.wikipedia.org/wiki/Ukrainische_Aufst%C3%A4ndische_Armee, besonders der Abschnitt »Likvidacija« (Abruf: 28.9.14).

47 https://ru.wikipedia.org/Воркутлаг; zu Noril'sk: http://www.memorial.krsk.ru/Articles/Makarova/2.htm (Abruf: 26.8.14).

48 Romanowski, Bandera, a.a.O., S. 35.

49 Vgl. den Wortlaut der Rede in: Osteuropa, 2014, H. 5-6, S. 86–99, hier: S. 88. Online in englischer Sprache auf: http://eng.kremlin.ru/news/6889.

50 Golczewski, Frank: Die Kollaboration in der Ukraine, in: Kooperation und Verbrechen. Formen der »Kollaboration« im östlichen Europa 1939-1945, Göttingen 22005, S. 151–182, hier: S. 157; Kappeler: Kleine Geschichte der Ukraine, S. 190–192.

51 Penter, Tanja: Die lokale Gesellschaft im Donbass unter deutscher Okkupation 1941-1943, in: Kooperation und Verbrechen, a.a.O., S. 183–223, hier: S. 183.

52 Ebda., S. 192.

53 Golczewski, a.a.O., S. 170, mit weiteren Quellenangaben.

54 Penter, S. 194.

55 Dies und das Folgende nach Kappeler, Andreas: Kleine Geschichte der Ukraine, München 1994, 224 ff.

56 Zit.nach: Crusius, Reinhard/Wilke, Manfred (Hg.): Ent-
stalinisierung. Der XX. Parteitag der KPdSU und seine
Folgen, Frankfurt/Main 1977, S. 520. Chruschtschow gibt
freilich keine Belege zu seiner Behauptung an, und der
Kontext seiner Äußerung ist eine weitschweifige Polemik
gegen Stalins Größenwahn. Die protokollierte Reaktion
der Zuhörer (»Gelächter und Heiterkeit im Saal«) zeigt,
dass die Aussage schon von den zuhörenden Zeitge-
nossen, die immerhin Insider waren, nicht völlig ernst
genommen worden ist.

57 Die entsprechende Passage lautet – in der Übersetzung
des Autors nach der o. a. Onlineversion: »Dies war die
persönliche Initiative des KP-Führers Nikita Chruschtschow. Was die Motive waren – ob er die Unterstützung
des politischen Establishments in der Ukraine oder
Abbitte für die Massenrepressionen der 1930er Jahre in
der Ukraine leisten wollte – mögen die Historiker he-
rausfinden. Worauf es heute ankommt, ist, dass diese
Entscheidung klar gegen die sogar damals geltenden
verfassungsrechtlichen Normen verstieß. Die Entscheidung wurde im Hinterzimmer getroffen. Es ist klar,
dass sich in einem totalitären Staat niemand die Mühe
gemacht hatte, die Bürger der Krim oder von Sewasto-
pol zu fragen. Sie wurden mit der vollendeten Tatsache konfrontiert. Natürlich wunderten sich die Leute,
warum die Krim plötzlich zur Ukraine gehören sollte.
Aber alles in allem – und das muss klar gesagt werden,
denn wir alle wissen es – wurde diese Entscheidung als
Formalität behandelt, weil das Territorium innerhalb
der Grenzen eines einzigen Staates übertragen wurde.
Niemand konnte sich damals vorstellen, dass die Ukraine und Russland sich voneinander abspalten und
getrennte Staaten werden könnten. Trotzdem ist genau
dies eingetreten.«

58 Kappeler, a.a.O., 232 ff.

59 Ebda., 245.

60 http://en.wikipedia.org/wiki/Chicken_Kiev_speech
(Abruf: 26.9.14).

61 Wittkowsky, Andreas: Fünf Jahre ohne Plan. Die Ukraine 1991–1996 [= Diss. Universität Bremen, 1997] , Berlin
1998, S. 45 ff.

62 https://uk.wikipedia.org/wiki/Революція_на_граніті
[ukrainisch] http://revnagraniti.wordpress.com/.

63 Ebda., S.50.

64 Zahlen für die einzelnen Regionen ebda., S. 53.

65 http://www.eurasischesmagazin.de/artikel/Lebenser-
wartung-und-politische-Einstellung-in-der-GUS/11403
(Abruf: 5.10.14).

66 http://www.indexmundi.com/g/g.aspx?-
v=30&c=up&l=de (Abruf: 5.10.14).

67 Vgl. Wittkowsky, Fünf Jahre ohne Plan, Berlin 1998, S. 63.
Der Anteil lag damit doppelt so hoch wie in Polen, das
ebenfalls einen großen Bergbausektor besaß.

68 Ebda., S. 64.

69 http://www.ned.org/where-we-work/eurasia/ukraine
(Abruf: 5.10.14).

70 http://www.washingtonpost.com/wp-dyn/content/
article/2006/08/25/AR2006082500897.html   (Abruf:
5.10.14) Lazarenko erklärte die Herkunft seines Vermögens damit, dass er in den ersten Jahren der Unabhängigkeit Gesetzeslücken ausgenutzt habe und dieses Vermö-
gen damit legal erworben worden sei.

71 www.pravda.com.ua.

72 www.zn.ua.

73 http://issuu.com/andriibashtovyi/docs/interim_fin_
report_-_ua/3?e=10130715/5899291 [ukrainisch] (Abruf:
30.9.14).

74 Ebda.

75 Hromads'ke TB: »Vse hirše, niž Vy dumaete, ale nadija e«
[Bürgerfernsehen: »alles läuft schlechter, als Sie denken,
aber wir hoffen«]. http://stv.mediasapiens.ua/materi-
al/19431 [ukrainisch] (Abruf: 30.9.14).

76 http://osvita.mediasapiens.ua/?nocache=1   [ukrai-
nisch]. Zweite Finanzquelle ist danach das »Internews
Network«, eine in den USA und in London angesiedelte
Organisation für »Medienbildung«, in die auch Mittel
aus »Europa« fließen. http://en.wikipedia.org/wiki/
Internews (Abrufe: 30.9.14).

77 Vgl. Anm. 3.

78 So der US-Analysedienst Stratfor bereits am Tag des
Umsturzes. Ukraine steps beyond its constitution,
22.2.14,   http://www.stratfor.com/analysis/ukraine-
steps-beyond-its-constitution#axzz3EuKVHI6w; in Polen
erklärte z.B. Prof. Roman Kuźniar, Sicherheitsberater des
polnischen Staatspräsidenten Bronisław Komorowski, in
einem Radiointerview, der Umsturz sei zwar nicht ver-
fassungsgemäß gewesen, aber das sei jetzt auch egal (Uz-
najmy nową Ukrainę, Rzeczpospolita, 24.2.14 [polnisch],
Abruf: 30.9.14).

79 Einführend der Artikel in der von der Universität Kla-
genfurt betriebenen »Enzyklopädie des Europäischen
Ostens«: http://eeo.uni-klu.ac.at/index.php?title=Done-
zbecken.

80 So etwa der offenkundig von einem Einheimischen ver-
fasste Eintrag zu der Bergbaustadt Torez: https://ru.wi-
kipedia.org/wiki/Торез_(город)

81 Ausführlich zu den damaligen Debatten Wittkowsky: Fünf Jahre, S. 37 ff.

82 Vgl. mit vielen Einzelheiten zahlreiche Aufsätze der Marburger Soziologin Kerstin Zimmer, zuletzt: Das kranke Herz, FAZ 27.7.2014, online unter http://www.faz.net/aktuell/politik/die-gegenwart/ukraine-das-kranke-herz-13067177-p7.html?printPagedArticle=true#pageIndex_7 (Abruf: 30.9.14).

83 Zimmer, Kerstin: Eine Region und ihre Partei. Die Partei der Regionen als Donezker Elitenprojekt, in: Pleines, Heiko (Hg.): Das Comeback von Wiktor Janukowytsch, Forschungsstelle Osteuropa Bremen, Arbeitspapiere und Materialien, Nr. 81, 2007, S. 8, online unter: http://www.forschungsstelle.uni-bremen.de/UserFiles/file/06-Publikationen/Arbeitspapiere/fsoAP81.pdf (Abruf: 30.9.14).

84 Langbein, Julia: Regeltransfer ohne Elitenkonsens? in: Ukraine Analysen, Nr. 137, 30.9.2014, S. 2; online unter http://www.laender-analysen.de/ukraine/pdf/UkraineAnalysen137.pdf (Abruf: 3.10.14).

85 Ebda. Die Bedingungen, unter denen Langbein einen erfolgreichen »Regeltransfer« für möglich hält, laufen de facto auf ein direktes Protektorat mit EU-Kontrolleuren in jedem ukrainischen Ministerium hinaus. Vgl. ebda., S. 2.

86 Englische Übersetzung in: Ebda., S. 4 bzw. 5 (Abruf: 3.10.14).

87 http://www.eurointegration.com.ua/rus/interview/2014/09/18/7026113/ russisch] (Abruf: 3.10.14).

88 Ukraine-Analysen, a.a.O., S. 12/13. Die Zahlen stammen von der UNO; Russland gibt wesentlich höhere Zahlen an Ukraine-Flüchtlingen im eigenen Land an.

89 http://www.eurointegration.com.ua/rus/articles/2014/10/27/7027156/ [russisch] (Abruf: 28.10.14).

90 »Heiße« Wahlkampfphase in Ukraine: Poroschenko schaltet Heizungen ein. DPA-Meldung vom 21.10.2014.

91 Den aus den Resten der »Partei der Regionen« gebildeten »Oppositionsblock«, der knapp 10 Prozent erhielt.

92 http://tsn.ua/interview/yakscho-potraplyu-v-polon -sprobuyu-sebe-vbiti-371868.html [ukrainisch] (Abruf: 3.10.14).

93 http://rusvesna.su/news/1411887375 (Abruf: 28.9.14).

94 Zachmann, Georg: Can Ukraine Secure Enough Gas for the Winter? A scenario analysis. Berlin/Kyiv August 2014 [German Advisory Group. Institue for Economic Research and Policy consulting. Technical Note Series 05/14]. Online unter: http://www.beratergruppe-uk-raine.de/wordpress/wp-content/uploads/2014/09/ TN_05_2014_en.pdf (Abruf: 4.10.14).

95 Es ist dabei nicht ohne Ironie, dass der magyarische Nationalist Orbán seine ukrainischen Brüder im Geiste so gut kennt, dass er in den letzten Monaten mehrfach an ein Autonomiereferendum der ungarischen Minderheit im Transkarpatengebiet von 1991 erinnert hat, das bisher von allen ukrainischen Regierungen ignoriert worden ist, und dass es ausgerechnet die faschistoide Jobbik-Partei war, die im September 2014 in Budapest Demonstrationen gegen den Krieg im Donbass und für die Rechte der ukrainischen Ungarn organisiert hat.

96 Der deutsche Europapolitiker Elmar Brok hat in dem in Anm. 87 zitierten Interview weiter geäußert, nichts könne Russland hindern, auch noch weitere Teile der Südukraine zu erobern, denn Präsident Putin sei offenbar entschlossen, den wirtschaftlichen Preis, den die Sanktionen seinem Land abverlangten, zu ignorieren – im gegebenen Kontext eine diskrete Erinnerung an die ukrainische Seite, dass niemand in Brüssel bereit sei, »für Odessa zu sterben«.

97 http://ria.ru/world/20140922/1025174103.html   [rus-
    sisch] (Abruf: 22.9.14). Die Meldung beruht auf einem Fa-
    cebook-Posting Semjontschenkos http://facebook.com/
    dostali.hvatit (Abruf: 3.10.14).

98 Vgl. o. Anm. 92

99 George Friedman, Can Putin Survive? Stratfor Geopoliti-
    cal Weekly, 21.7.2014, http://www.stratfor.com/weekly/
    can-putin-survive?topics=286#axzz3FAvwhgre   (Abruf:
    4.10.14).